AF145252

Walter Meyer

Das Werk des Kanzlers Gislebert von Mons, besonders als

verfassungsgeschichtliche Quelle betrachtet

Walter Meyer

Das Werk des Kanzlers Gislebert von Mons, besonders als verfassungsgeschichtliche Quelle betrachtet

ISBN/EAN: 9783743316966

Hergestellt in Europa, USA, Kanada, Australien, Japan

Cover: Foto ©ninafisch / pixelio.de

Manufactured and distributed by brebook publishing software (www.brebook.com)

Walter Meyer

Das Werk des Kanzlers Gislebert von Mons, besonders als

verfassungsgeschichtliche Quelle betrachtet

DAS WERK DES KANZLERS

GISLEBERT VON MONS

BESONDERS ALS VERFASSUNGSGESCHICHTLICHE QUELLE BETRACHTET.

—— • •◦• • ——

INAUGURAL-DISSERTATION

ZUR

ERLANGUNG DER DOCTORWÜRDE,

VON DER

PHILOSOPHISCHEN FACULTÄT DER UNIVERSITÄT JENA

IM FEBRUAR 1888 GENEHMIGT.

VON

WALTER MEYER

AUS KÖNIGSBERG IN PREUSSEN.

KÖNIGSBERG I. PR.

DRUCK VON EMIL RAUTENBERG.

1888.

Ich bin in nachstehendem bemüht gewesen, den bedeutenden Werth des Werks Gisleberts von Mons als verfassungsgeschichtlicher Quelle nachzuweisen.

In Bezug auf nähere Angaben über das Chronicon Hanoniense des Kanzlers Gislebert von Mons, die uns erhaltenen Handschriften, den allgemeinen Inhalt, unsere Kenntniss von dem Leben des Verfassers u. s. w. verweise ich auf die von W. Arndt für die Monumenta Germaniae besorgte Ausgabe der Chronik, ferner auf die unten näher bezeichnete Schrift von Hantke. Die Citate aus Gisleberts Chronik habe ich nach der Handausgabe der Chronik in den Scriptores rerum Germanicarum gemacht. Die vollen Titel der im Text in Abkürzungen oft citirten Bücher nebst diesen Abkürzungen selbst lasse ich hier folgen:

Baltzer: Zur Geschichte des deutschen Kriegswesens in der Zeit von den letzten Karolingern bis auf Kaiser Friedrich II. Inaug.-Diss. Leipzig 1877. (Baltzer, Kw.)

Bernheim: Lothar III. und das Wormser Concordat. Strassburg 1874. (Bernheim, L. u. W. C.)

Bernheim: Zur Geschichte der kirchlichen Wahlen und zur Geschichte des Wormser Concordats in Forschungen zur deutschen Geschichte. 1880. Bd. XX. (Bernheim, Forsch. XX.)

Ficker: Vom Reichsfürstenstande. Band I. Innsbruck 1861. (Ficker, Rf.)

Ficker: Vom Heerschilde. Innsbruck 1862. (Ficker, Hsch.)

Hantke: Die Chronik des Gislebert von Mons. Herausgegeben von Dr. M. Jutrosinski. Leipzig 1871. (Hantke.)

Oesterley: Historisch-geographisches Wörterbuch des deutschen
  Mittelalters. Gotha 1873. (Oesterley.)

Prutz: Kaiser Friedrich I. 3. Bd. Danzig 1871—74. (Prutz, K. F.)

Scheffer-Boichorst: Kaiser Friedrich I. letzter Streit mit der
  Kurie. Berlin 1866. (Scheffer-Boichorst, K. F.)

Toeche: Kaiser Heinrich VI. Jahrbücher der deutschen Geschichte.
  Leipzig 1867. (Toeche.)

Wachter: Der Einfluss der nationalen und klerikalen Stellung
  Gisleberts von Mons auf seine Geschichtschreibung. Inaug.-Diss.
  Halle 1879. (Wachter.)

Waitz: Deutsche Verfassungsgeschichte. Bd. V—VIII. Die deutsche
  Reichsverfassung. Bd. I—IV. Kiel 1874—78. (Waitz, V. G.
  V, VI, VII, VIII.)

Warnkoenig: Flandrische Staats- und Rechtsgeschichte bis zum
  Jahr 1305 Bd. I, II, II 2, III 1, III 2. Tübingen 1835—39.
  (Warnkoenig.)

Wetzold: Die Wahl Kaiser Friedrichs I. Inaug.-Diss. Göttingen
  1872. (Wetzold.)

Voigtel: Stammtafeln. Bearbeitet von Cohn. (Voigtel-Cohn,
  Stammtaf.).

Die Citate nach der Handausgabe der Chronik in den Script.
rer. Germ. geschehen nur mit »p«, die aus meiner eigenen Arbeit mit
»S« und der Seitenzahl.

Die grosse Masse des Stoffs erforderte eine Eintheilung in Kapitel, deren ich neun gebildet habe.

Kapitel I.

Die Reichsfürsten.

Dass die Chronik Gisleberts von Mons speciell für die Untersuchungen über den neueren Reichsfürstenstand, der sich gegen das Ende des zwölften Jahrhunderts bildete, von Bedeutung ist, hat Ficker (Rf. p. 108) in vollem Maasse anerkannt. Bildet doch die Erhebung des Grafen Balduin V von Hennegau zum Markgrafen von Namur und Reichsfürsten gewissermassen den Kern seines Werkes, und da der Verfasser selbst die Verhandlungen am kaiserlichen und königlichen Hofe in dieser Angelegenheit mit viel Geschick leitete, so ist die Annahme wohl gerechtfertigt, dass er selbst vollkommen vertraut mit dem Wesen des damals erst entstandenen neueren Reichsfürstenstandes (cf. Ficker, Rf. p. 94) gewesen ist. Es ist daher von Bedeutung, wen Gislebert zu den Reichsfürsten zählt, und was er sonst über den Reichsfürstenstand äussert. Wen Gislebert zu den Reichsfürsten zählt, können wir, wenn er dem Betreffenden nicht ausdrücklich den Titel princeps verleiht, aus den Aufzählungen ersehen, bei denen er fast nie willkürlich verfährt, sondern die in der kaiserlichen Kanzlei übliche Rangordnung im Allgemeinen beibehält. Wo Kleriker und Laien zusammen namentlich aufgeführt werden, erhalten erstere vor den im Range gleichstehenden letzteren den Vortritt.

Bei Gelegenheit der grossen Reichsversammlung zu Mainz Pfingsten 1184 sagt Gislebert (p. 142): congregatis de toto imperio ex hac parte Alpium ad curiam principibus, archiepiscopis, episcopis, abbatibus, ducibus, marcionibus, et comitibus palatinis et aliis comitibus et viris nobilibus et ministerialibus fuerunt numero juxta veram

extimationem mitites in curia illa 70 milia exceptis clericis et cuius-
cumque conditionis hominibus. Hieraus ersehen wir zunächst, dass
Gislebert Erzbischöfe, Bischöfe und Aebte zu den Fürsten zählt, denn
auf sie folgen in der Aufzählung erst die Herzoge, also die höchsten
weltlichen Grossen, die unbedingt zu den Laienfürsten gehören mussten.
Wo indess die weltlichen Fürsten aufhören, lässt sich hier nicht
entscheiden. Mehr erfahren wir aus einer zweiten auf dieselbe Reichsversammlung bezüglichen Stelle, die ich hier vollständig wiedergeben
will, da sie in dieser Frage von besonderer Bedeutung ist: Satis
autem constat in curia illa, sicut supra dictum est, 70 milia milites
fuisse, cum jam nominati principes tot habuerunt ibi milites, scilicet
dux Boemiae duo milia, dux Austriae 500; dux Saxonum 700, comes
palatinus Reni 1000 aut plures, langravius Duringiae 1000 aut
plures, dominus Conradus Magunciae archiepiscopus, imperatoris consanguineus, 1000, dominus Philippus Coloniensis archiepiscopus, comitis Hanoniensis consanguineus, 1700, dominus archiepiscopus Malde-
burgensis 600, dominus abbas Voldensis 500, exceptis aliis principibus,
scilicet archiepiscopo Treverensi, archiepiscopo Bremensi, archiepiscopo
Besentionensi, archiepiscopo Resneburgensi, domino Rogero Cameracensi episcopo, domino Radulpho Leodiensi episcopo, episcopo Metensi,
episcopo Tullensi, episcopo Virdunensi, episcopo Trajectensi comitis
Hanoniensis consanguineo, episcopo Wormaciensi, episcopo Spirensi,
episcopo Argentenensi, episcopo Basiliensi, episcopo Constantiensi,
episcopo Curiensi, episcopo Erbipolensi, episcopo Balbeburgensi, episcopo de Monasterio, episcopo Heldensi, abbate de Camberc, abbate
Lonensi, abbate Prumensi, principibus duce Ottone Bawarie, Theoderico
comite palatino Bawarie, fratre ipsius ducis, Welfone duce Bawarie
seniore, imperatoris avunculo, landgravio Bawarie, Bertholdo duce
Cheringiorum, comitis Hanoniensis consobrino, marcione de Brande-
burch, marchione de Minse, marchione de Stire, duce de Nanci, Gerardo comite Viennae super Rodanum, domine imperatricis avunculo,
comite palatino de Tuinge aliisque multis archiepiscopis, episcopis, abbatibus, ducibus, marchionibus et comitibus palatinis et comitibus land-
graviis nominatis aliisque multis comitibus et viris nobilibus et ministerialibus (p. 143, 144.)

Was zunächst den Umstand betrifft, dass am Anfange der Aufzählung einige Laienfürsten vor geistlichen Fürsten genannt sind, während sie sonst durchweg den Erzbischöfen, Bischöfen und Aebten folgen, so erklärt sich dies daher, dass jene weltlichen Fürsten mit der Zahl ihrer Begleiter kurz vorher (p. 142) bereits genannt waren, hier also nur eine Wiederholung Statt fand.

Betrachten wir nun zunächst die geistlichen Fürsten: Erzbischöfe und Bischöfe des Reiches gehören nach Gisleberts Ansicht ohne Frage sämmtlich zu den Reichsfürsten. Die hier genannten sind die Erzbischöfe von Mainz, Coeln, Magdeburg, Trier, Bremen, Besançon, und der auffallender Weise als Erzbischof bezeichnete Bischof von Regensburg, die Bischöfe von Cambray, Lüttich, Metz, Toul, Verdun, Utrecht, Worms, Speier, Strassburg, Basel, Constanz, Chur, Erfurt, Bamberg, Münster, Hildesheim. Wesentlich ist, dass auch der Bischof von Cambray unter den ausdrücklich als Fürsten bezeichneten Bischöfen genannt ist. Obwohl er zur französischen Kirchenprovinz Rheims gehörte, ist sein Reichsfürstenstand auch nach Ficker (Rf. p. 273) nicht zu bezweifeln. Dass Gislebert ihn nicht etwa zufällig unter den principes genannt hat, beweist der Umstand, dass er den Erzbischof von Rheims, der gleichfalls in Mainz anwesend war (Toeche p. 30 Anm. 2) und der natürlich nicht deutscher Reichsfürst war, hier auch nicht namhaft macht.

Ausser Erzbischöfen und Bischöfen werden nun auch Aebte als Fürsten genannt. Nach Ficker (Rf. p. 320 ff.) konnten nur reichsunmittelbare Aebte Reichsfürsten sein. Den Ausdruck «abbas regalis» braucht Gislebert einmal (p. 222), sonst spricht er stets nur schlechtweg von «abbates». Doch kann es keinem Zweifel unterliegen, dass er nicht etwa alle Aebte für Reichsfürsten hält. Wo die abbates den Laienfürsten voranstehen, ist zweifelsohne eben nur an Reichsäbte zu denken. Wo von anderen Aebten die Rede ist, streiten sie mit den Archidiakonen um den Vorrang, stehen also mit diesen auf gleicher Rangstufe (p. 183, 265). Die Aebte, welche Gislebert nun ausdrücklich als principes bezeichnet und die also nach obiger Ansicht reichsunmittelbar sein müssen, sind folgende: In der angeführten Stelle wird unter den Fürsten zunächst der abbas Voldensis, dann der abbas

de Camberc, der abbas Lonensis und der abbas Prumensis genannt.
Hierzu wollen wir gleich eine spätere Stelle in Betracht ziehen. Bei
Gelegenheit der zwiespältigen Lütticher Bischofswahl wurde ein judicium den drei rheinischen Erzbischöfen, acht Bischöfen (die übrigens
sämmtlich bei dem Mainzer Fest bereits genannt sind) und «Woldenensi
et Lonensi et Prumensi abbatibus» übertragen (p. 238) auf die be-
züglich es nachher heisst «sub testimonio praedictorum principum»
(p. 239). Der an erster Stelle genannte abbas Voldensis ist Abt
Conrad von Fulda. Fulda aber war Reichsabtei, der Abt von Fulda
Reichsfürst. (Ficker, Rf. p. 342.) Der an letzterer Stelle genannte
abbas Woldenensis ist jedenfalls auch der Abt von Fulda. Das Ad-
jectivum Woldenensis findet sich sonst nicht. Arndt übersetzt es in
seiner Ausgabe Gisleberts überhaupt nicht; in dem Register zu den
Mon. Germ. Script. Tom. XX. ist Woldenensis als identisch mit Voldensis, Fuldentis angenommen. Das ist auch jedenfalls das nächst-
liegende. Toeche (p. 224) übersetzt abbas Woldenensis mit «Abt von
Walden». Eine solche Abtei gab es damals aber garnicht, erst im
folgenden Jahrhundert wurde ein Kloster dieses Namens im hohen-
zollernschen Gebiete gegründet. (cf. Oesterley: histor. geogr. Wörterbuch.) Der hier genannte Abt, der in jener wichtigen Angelegenheit
mit ein Urtheil zu fällen hatte, muss ohne Frage Reichsabt und Reichsfürst gewesen sein, denn nur Fürsten durften hier entscheiden. (Bernheim, Forsch. XX. p. 371.) Ich halte also für gewiss, dass hier der
Abt von Fulda gemeint ist.

Noch viel unrichtiger übersetzt Toeche (ib.) abbas Lonensis mit
Abt von Lonen. Eine Abtei dieses Namens gab es weder damals,
noch hat es später eine solche gegeben. In dem Register zu den
Mon. Germ. Tom. XX ist Lonensis für Lorsensis angenommen. Es
ist auch das naturgemässeste so in dem abbas Lonensis den Abt von
Lorsch zu sehen, der auch in der That Reichsfürst war. (Ficker, Rf.
p. 340.) Der zwei Mal genannte abbas Prumensis ist natürlich der
Abt von Pruem, der gleichfalls Reichsfürst war. (Ficker, Rf. p. 353.)

Es bleibt nun noch der abbas de Camberc zu erklären. In
jenem Register ist Camberc mit Kempten übersetzt, jedoch ein Fragezeichen hinzugefügt. Der Abt von Kempten war freilich wahrscheinlich

schon seit 1062 (Ficker, Rf. p. 332) Reichsfürst; die Abtei gehörte zu den angesehensten Reichsabteien, sein Auftreten in Mainz dürfte also dem entsprechend glänzend und der Erwähnung neben jenen anderen hochangesehenen Reichsäbten würdig gewesen sein. Dennoch scheint es mir zu willkürlich für Camberc Kempten zu lesen, zumal es sowohl einen Abt von Kamberg (abbas Cambergensis, gesta Trever. Script. VIII., 198. 35), als einen solchen von Komburg gab. Letztere Abtei wurde 1090 von ihrem Gründer dem Erzstifte Mainz unterworfen. (Ficker, Rf. p. 342.) Ihr Abt war so wenig wie der von Kamberg Reichsfürst. Dennoch kann es sich wohl nur um einen dieser beiden Aebte hier handeln, und man wird eher Gislebert hier ein Versehen vorwerfen müssen, als ganz willkürlich Camberc mit Kempten übersetzen. Alle lateinischen Uebersetzungen des letzteren erinnern nicht im Geringsten an Camberc. (cf. Oesterley a. a. O.) Da nun der Abt von Komburg zum Mainzer Stifte gehörte, folglich seine Anwesenheit auf jener Versammlung fraglos sein dürfte, da ferner, wie ich aus Oesterley (a. a. O.) gesehen habe, sich noch an einer anderen Stelle (lib. trad. Comb, Württemb. Urk.-Buch 391 f.) Kamberc für Komburg findet, halte ich den hier fraglichen Abt für den Abt von Komburg, nicht für den von Kamberg, an den man wohl zunächst zu denken geneigt sein dürfte.

Ausser Erzbischöfen, Bischöfen und Aebten nennt Gislebert noch ausdrücklich als Reichsfürsten geistlichen Standes, den Patriarchen von Aquileja (p. 231). Sein Reichsfürstenstand ist auch nach Ficker (Rf. p. 309) unzweifelhaft.

Was nun die Laienfürsten betrifft, so werden bei Gelegenheit des Mainzer Festes (cf. S. 3 f.) folgende ausdrücklich unter den principes genannt: Die Herzoge von Böhmen, Oesterreich, Sachsen, Bayern, Zaehringen, Nancy; die Markgrafen von Brandenburg, Meissen, Steier; die Pfalzgrafen vom Rhein, von Bayern, Tübingen; die Landgrafen von Thüringen und Bayern; endlich der Graf von Vienne. Ausser den Herzogen scheint Gislebert danach also noch die Mark-, Pfalz- und Landgrafen zu den Reichsfürsten zu zählen, nicht dagegen die einfachen Grafen, deren er hier nur einen nennt. Dies ist auffallend, da der Graf von Vienne damals keineswegs Reichsfürst war.

(Ficker, Rf. p. 225.) Das Ungewöhnliche erklärt sich indess dadurch, dass dieser Graf, wie auch in der Chronik ausdrücklich hinzugefügt wird, der Oheim der Kaiserin ist; als Verwandten des kaiserlichen Hauses durfte ihm Gislebert, wenn er auch nicht Fürst war, eine bevorzugte Stellung unter den principes anweisen. In ähnlicher Weise verfuhr man ja auch in der kaiserlichen Kanzlei. (Ficker, Rf. p. 179.) Von den anderen hier genannten weltlichen Grossen erscheinen auch bei Ficker die meisten als Reichsfürsten, jedoch nicht der Landgraf von Bayern (Rf. p. 200) und die Pfalzgrafen von Bayern und Tübingen. (Rf. p. 198 u. 199.) Während also nach Fickers Untersuchungen nicht alle Mark-, Pfalz- und Landgrafen eo ipso zu den Reichsfürsten gehören, scheint Gislebert doch dieser Annahme zu folgen. Dafür spricht vor Allem, wenn man Gislebert in jener Aufzählung nicht den meiner Ansicht nach ungerechtfertigten Vorwurf der Willkür machen will, eben die behandelte Stelle, da er keinen Grund hat die genannten Pfalz- und Landgrafen unter den principes aufzuzählen, wofern er sie nicht für Fürsten hält. Dafür sprechen auch zwei andere Stellen (p. 142, 230), an denen die Mark- und Pfalzgrafen (die Landgrafen werden hier nicht genannt, worauf jedoch kein Gewicht zu legen ist, da p. 142 dieselben Grossen des Reichs gemeint sind, wie in jener vollständigeren Stelle p. 144, an der auch Landgrafen erwähnt sind) neben den duces ausdrücklich von den einfachen Grafen und Edlen, die wie wir sehen werden nach Gisleberts Ansicht eine Klasse bilden, getrennt werden. Die einfachen Grafen rechnet Gislebert jedenfalls nicht zu den Fürsten, und das stimmt wieder vollkommen mit dem Ergebniss der Ficker'schen Untersuchungen (Rf. p. 138 ff.) überein. Wenn dies aus den bereits angeführten Stellen noch nicht ganz deutlich hervorging, so sprechen die beiden folgenden Stellen klar genug aus, dass die Grafen nicht zu den principes gehörten, sondern mit den nobiles einen Stand bildeten. So heisst es gleich zu Anfang der Chronik: cum de gestis et genealogia . . . . . multorum quoque principum et aliorum nobilium cum ipsis comitibus sub brevitate dicere proposuerimus u. s. w. (p. 25), wo also ausdrücklich die Grafen von den principes geschieden und den nobiles zugerechnet werden; das andere Mal heisst es, bei der

Belagerung von Neapel (1191) seien der Erzbischof von Köln und der Herzog von Böhmen gestorben «et cum eis quamplures principes, archiepiscopi, episcopi, abbates, duces, marchiones, comites palatini et alii multi nobiles» (p. 230), wo also die Grafen garnicht besonders genannt werden, mithin unter den nobiles mit einbegriffen sind.

Sollten Grafen Reichsfürsten werden, so bedurfte es daher einer ausdrücklichen Erhebung in den Reichsfürstenstand. Balduin V. war als Graf von Hennegau nicht Reichsfürst, aber seinen Bemühungen gelang es, zu einem solchen erhoben zu werden. Da dieser Vorgang in Anbetracht seiner Bedeutung von Gislebert ausführlich geschildert und für die Erkenntniss des Charakters jener Erhebungen in den Reichsfürstenstand, wie sie seit Ende des zwölften Jahrhunderts häufiger vorkommen, von hohem Werthe ist, will ich hier genauer auf denselben eingehen.

Nachdem zuvor zwischen Balduin V. und Kaiser Friedrich I. Verhandlungen gepflogen waren (p. 145), in denen dieser jenem die Erbschaft seines Oheims, des Grafen Heinrich von Namur garantirte, sandte im November 1188 Balduin wiederum Gesandte an Kaiser Friedrich und König Heinrich, und es wurde zwischen ihnen verabredet, «quod comes Hanoniensis ad dominum regem circa Renum accederet et omnia allodia et feoda avunculi sui tam ea, quae ipse comes Hanoniae tenebat quam ea, quae comes Namurcensis adhuc possidebat, in manum ipsius domini regis reportaret et ipse rex ei in feodo ligio daret. Inde autem comes Hanoniensis marcio Namurcensis vocaretur et principum imperii gauderet privilegio» (p. 204). In Folge dessen begab sich der Graf noch Ende December desselben Jahres zu König Heinrich nach Worms und es geschah, wie verabredet war: Balduin übergab dem König alle zu Namur, Roche, Durbui gehörigen Allods, der aus ihnen wie den Reichslehen einen »principatus, qui marchia dicitur» machte und diese Markgrafschaft dem Grafen von Hennegau zu Lehn gab, wofür dieser ihm das ligium Hominium leistete. «Sicque comes Hanoniensis et princeps imperii et marchio Namurcensis factus est» (p. 206). Uebrigens sollte dies bis zum Tode des Grafen von Namur oder bis zu einer Einigung zwischen den augenblicklich in Feindschaft lebenden Oheim und

Neffen geheim gehalten werden. Auch wurde ferner noch die Bestimmung getroffen, quod marchia illa Namurcensis nulli de heredibus comitis Hanoniensis tenenda unquam concederetur, nisi ei qui comitatum Hanoniensem tenebit. (ib.) Im Juli 1190 erfolgte dann die Aussöhnung zwischen Heinrich von Namur und Balduin und ersterer bat den König selbst um Belehnung für seinen Neffen und Erben (p. 218). Da Balduin persönlich vor dem Könige zu erscheinen verhindert war, sandte er im September 1190 Gislebert mit den Briefen seines Oheims und einem bestätigenden Schreiben des Erzbischofs von Köln nach Hall in Schwaben, wo der König einen Fürstentag abhielt (p. 221). Hier sollte die Angelegenheit zum Schlusse geführt werden: dominus autem rex universis audientibus dixit, quod de Namurco et de Durbui et de Rocha marchiam fecerat, et eam comiti Hanoniensi Balduino in feodo ligio dederat, et eum marchionem et principem imperii sub testimonio quorundam principum fecerat. Volens autem ut praesentes qui aderant principes idem cognoscerent, hoc eis manifestabat. (p. 222.) (cf. Ficker, Rf. p. 108 ff.)

Nun aber stellten sich noch andere Schwierigkeiten heraus. Der junge Herzog Heinrich von Brabant war auf derselben Reichsversammlung zu Schwäbisch-Hall vom König mit den Lehen seines kürzlich verstorbenen Vaters belehnt worden. Vorher jedoch hatte er auf ein Lehen des Grafen von Flandern, für welches er diesem das hominium geleistet hatte, verzichten müssen, da er sonst nicht als Reichsfürst vom Könige hätte mit den Lehen seines Vaters belehnt werden können: quicunque enim in imperio principis gaudet privilegio nemini hominium facere potest qui consecratus non fuerit, licet eis hominia facere regibus tantummodo et episcopis et abbatibus qui regales dicuntur. (p. 222.)

Auf diese Bestimmung fussend, erklärte in der Versammlung der neue Herzog von Brabant, dass durch Erhebung Balduins zum Reichsfürsten seiner Herzogswürde Eintrag geschehe, und liess durch seinen Fürsprech, den Grafen von Flandern, erklären: »quod in terra Namurcensi vel Rocha nullus fieri potest princeps, quia in ducatu suo erat, et insuper ducatus suus per Hanoniam usque ad locum qui dicitur Truncus Berengeri protendebatur.« Dem widersprach sowohl

Gislebert, als auch fielen die sententiae, die der König hierüber von den Fürsten verlangte, zu Gunsten Balduins aus: »quod comes Hanoniensis super terris illis juste posset fieri et marchio et princeps, cum dux tenorem ducatus in terris illis se vel suos antecessores habuisse non posset monstrare;« und »quod dux Lovaniensis ducatum non habebat, nisi in comitatibus, quos tenebat vel qui ab eo tenebantur, cum ipse in aliis comitatibus vicinorum suorum tenuram suam monstrare non poterat.« So fiel der Einwand des Herzogs und »de consilio principum ibidem privilegium comiti Hanoniensi fuit concessum et cancellario et prothonotario ad faciendum commissum.« Später allerdings suchten einige Fürsten dennoch diese Erhebung Balduins rückgängig zu machen, und der König selbst war bereit, sie zu widerrufen; indess wurde in Augsburg von den Fürsten die Erhebung bestätigt (p. 223, 224). Noch einmal ist dann von diesem privilegium die Rede: als nämlich König Heinrich zum Kaiser gekrönt worden war, ersuchte Balduin durch seinen Gesandten Gislebert den Kaiser bei Rieti und erlangte auch von ihm »quod privilegium, quod ab ipso domino imperatore apud Augustam super bonis comitis Namurcensis sigillo regio signatum habuerat, ibidem renovatum sub testimonio principum tam Lumbardiae quam . . . . . et Apuliae et Theutoniae renovatum et sigillo imperiali aureo roboratum, et ipsi comiti transmissum fuit.« (p. 231. Toeche p. 651. 20. Sept 1191.)

Wie Balduin bemühte sich auch der Graf von Holland, Dietrich VII., um die Erhebung in den Reichsfürstenstand. Zu diesem Zwecke musste er aber zunächst von dem hominium, welches er dem Grafen von Flandern schuldete, befreit werden. Daher sandte er 1191 Boten an den Kaiser und bat, »ut a domino imperatore in augmentum sui feodi quod ab eo tenebat, feoda quae a comite Flandrensi tenuerat, habere posset, et ab hominio comitis Flandriae deinceps emanciparetur, et super hoc domino imperatori quinque milia marchas puri argenti, si princeps fieret, largiri promittebat.« Der Kaiser erfüllte jedoch seinen Wunsch nicht. (p. 235.) Auf Grund dieser Angabe Gisleberts hält auch Ficker (Rf. p. 112) die Grafen von Holland nicht für Reichsfürsten, obwohl einige Urkunden, in denen diese Grafen wirklich den Reichsfürsten zugezählt sind, sich finden.

Auch im letzteren Falle scheiterte also das Bestreben des Grafen von Holland vor allen Dingen an dem Umstande, dass er Lehnsträger eines weltlichen Fürsten war. Ficker (Hsch. p. 121) hat nun darauf aufmerksam gemacht, dass Balduin V., als er 1191 auch in Flandern folgte, eigentlich ein Lehn von dem Herzog von Brabant besass. Dies verhält sich folgendermassen: Als Balduin V. von Hennegau nach dem Tode Philipps von Flandern als Gemahl der Schwester desselben in Flandern diesem folgte, behauptete der Herzog von Brabant oder, wie er bei Gislebert stets heisst, der Herzog von Löwen, dass er in dem Lande Aalst »quaedam allodia parva et quarundam villarum advocatias de feodo« besitze, und versprach dem Kaiser für die Belehnung mit diesem Reichslehen 5000 Mark. Der Kaiser wies jedoch damals (ao. 1191) dies Gesuch des Herzogs zu Gunsten Balduins zurück (p. 235). Später jedoch kam nach längeren Feindseligkeiten zwischen dem Herzog und Balduin im September 1192 ein Vertrag zu Stande: recognitum autem in eadem compositione fuit, quod dux Lovaniensis in terra de Alost quaedam feoda habebat, unde compositum fuit, quod filius quilibet comitis Hanoniensis ea a duce Lovaniensi in feodo teneret. Quod ita factum postea fuit, sed comes Hanoniensis ipsius hominii justitiam et servitium et partem de Geralmont ... a duce in vadio accepit. (p. 245.) In dieser Weise wurde die Schwierigkeit umgangen, die aus einem solchen Verhältniss erwachsen musste.

In dem Verhältniss des Grafen von Hennegau zum Bischof von Lüttich trat in Folge seiner Erhebung zum Reichsfürsten keine Aenderung ein. Er leistet nach wie vor dem Bischof den Lehnseid, wie es beispielsweise nach dem Regierungsantritt Balduins VI. (1195) von diesem erwähnt wird (p. 293). Dass übrigens bei der Erhebung Namurs zum principatus die Grafschaft zugleich zur Markgrafschaft gemacht wurde, lässt darauf schliessen, dass der Grafentitel für einen Reichsfürsten überhaupt in damaliger Zeit für unzureichend galt (Ficker, Rf. p. 111), was auch mit Gisleberts oben dargelegter Ansicht über die comites vollkommen übereinstimmt.

Wie weit die Macht des Kaisers bei Erhebungen in den Fürstenstand reichte, lässt sich nicht genauer sagen. Soviel geht aber auch aus Gislebert hervor, dass es einer Zustimmung der Fürsten bedurfte.

(p. 224). Die Ertheilung und Erneuerung des Privilegs »sub testimonio principum«, und zwar nicht nur deutscher (206), sondern im letzteren Fall auch italienischer Fürsten (p. 231), hebt Gislebert ausdrücklich hervor. Als der Kaiser selbst sich geneigt zeigte, die Erhebung Balduins zu widerrufen, gab er doch schliesslich dem Urtheil der besseren Fürsten nach und liess in Augsburg das Privileg für jenen ausfertigen (p. 224, 231). Welche Rechte das Privileg eines Reichsfürsten eigentlich gewährte, darüber spricht sich Gislebert nirgends aus. Jedenfalls waren sie nicht unbedeutend, und daher wurden die Erhebungen in den Reichsfürstenstand erst dann häufiger, als dieselben zum grossen Theil auf die Kurfürsten übergegangen waren (ef. Ficker, Rf. p. 112).

Im Königreiche Frankreich wird der Ausdruck Principes nicht in einer dem neueren Reichsfürstenstande entsprechenden Bedeutung gebraucht, sagt Ficker (Rf. p. 127). Dort entsprechen den principes imperii die pares Franciae. Mit Principes werden daselbst in dieser Zeit die Mitglieder des Königshauses und fremder Herrscherfamilien, die sich in Frankreich aufhielten, bezeichnet (ib.). Von pares Franciae spricht Gislebert überhaupt nicht. Dagegen nennt er wiederholt den comes Campaniae princeps (p. 197, 225, 241). Auch allgemein spricht er einmal von den principes Franciae, zu denen er auch den Grafen Philipp von Flandern rechnet (p. 117), wie er auch Flandern selbst, aber hier wohl in Bezug auf Deutschland principatus nennt (p. 264). Die Stellung der Grafen von Flandern zum Reiche war schwankend (Ficker, Rf p. 205). Graf Philipp von Flandern scheint als Reichsfürst betrachtet zu sein (Ficker, Rf. p. 53 ff.). Dem entspricht es auch, wenn in der Fürstenversammlung zu Schwäbisch-Hall es heisst: dominus rex super hoc sententiam a comite Flandrensi requisivit. Qui per sententiam dixit, et inde principes habuit sequaces, quod u. s. w. (p. 223). Es handelte sich hierbei um Feststellung der Ansprüche des Herzogs von Brabant, und wenn hier der Graf von Flandern zuerst vor anderen Reichsfürsten seine Meinung sagen musste, so ist wohl anzunehmen, dass er selbst für einen Reichsfürsten galt.

Dass, wie zuvor erwähnt, der Graf von der Champagne oder, wie sein officieller Titel war, der Pfalzgraf von Troyes (comes Trecensis,

qui vulgariter comes Campaniae dicebatur p. 117) mehrfach princeps
genannt wird, ist in keinem Falle auffallend, da er als einer der
mächtigsten Kronvasallen französischer Pair, andererseits aber auch
als Bruder der Mutter Philipps II. August dem königlichen Hause
nahe verwandt war.

Kapitel 11.

Geistliche und weltliche Grosse im Allgemeinen.

Durchweg wird der deutsche König rex Romanorum genannt.
Der Titel imperator Romanorum wird ihm erst nach der Kaiserkrönung
verliehen. Von Conrad III., der dieselbe nie erlangt hatte, heisst es
dem entsprechend: defuncto Conrado rege Romanorum (p. 88). Heinrich VI. wird bis zu seiner Kaiserkrönung (p. 225) stets rex Romanorum,
von da an stets imperator Romanorum genannt. Was die Herzoge
betrifft, so finden wir mehrfach, dass sich dieselben nicht nach dem
eigentlichen Herzogthum, sondern nach ihrer Grafschaft oder ihrem
Stammschloss benennen. Die Herzoge von Niederlothringen aus dem
Hause Bouillon nannten sich »dux Bullionis« (p. 31, 33). Und auch
die Herzoge, die ihr Herzogtum verloren, und sogar deren Nach-
kommen behielten den Titel eines Herzogs bei (Waitz, V. G. p. 119).
Als das Herzogthum Niederlothringen später an einen vir nobilis,
Henricus de Lemborch, kam, vermochte dieser es nur vorübergehend
zu behaupten: unde postea multi de Lembor domini licet duces non
fuerint tamen duces appellati sunt (p. 58). In der Chronik heissen
die Herren von Limburg durchweg »duces«. Das Herzogthum selbst
aber kam an die Grafen von Löwen, die sich nun Herzoge von Löwen
nannten. Uebrigens behaupteten auch sie nicht das Herzogthum in
seinem alten Umfange: nullam ex ducatu ipso extra terminos suae
propriae terrae unquam exercuerunt justitiam (p. 58). Der Herzog
von Oberlothringen wird (p. 144) dux de Nanci genannt.

Entsprechend wurden auch die Grafen nach dem Ort, wo sie
regelmässig ihren Sitz hatten, bisweilen bezeichnet (Waitz, V. G. VII

p. 21). So wurde Graf Hermann von Hennegau, der Gemahl der Richeldis, comes Montensis genannt, »quia ipse Mons caput erat et est semperque erit totius Hanoniae« (p. 26). Die ältesten Söhne führten schon bei Lebzeiten des Vaters den Titel desselben. So wird z. B. Heinrich, der Sohn Herzog Gottfrieds von Löwen, »dux junior Lovaniensis« in der Chronik genannt, aber freilich erst, seit er miles geworden; denn an drei Stellen, wo ihn Gislebert als necdum miles bezeichnet (p. 128, 129, 130), legt er ihm auch nicht den Titel dux bei.

Die Frauen führen den Titel ihres Gatten oder vielmehr den diesem entsprechenden: imperatrix, regina, ducissa, comitissa. Nur einmal finden wir die auffallende Erscheinung, dass die Tochter nach ihrer Verheirathung mit einem im Range freilich tiefer stehenden Manne den Titel ihres Vaters für sich beansprucht. Es ist Mathilde, die Tochter Königs Alfons I. von Portugal, welche 1184 den Grafen Philipp von Flandern heirathete. Wie ungewöhnlich dies war, geht meiner Ansicht nach zur Genüge aus Gislebert selbst hervor: er unterlässt niemals bei Erwähnung Mathildes hinzuzufügen, dass sie beanspruchte, »regina« genannt zu werden (p. 173, 221, 229, 233, 234, 291). Welcher Titel ihr nach Gisleberts eigener Ansicht zukommt, zeigt folgende Stelle: Mathildi, comitissae, quae se reginam nominabat (p. 233). Wachter (p. 26 Anm.) hält dies für einen »ziemlich häufig vorkommenden Gebrauch« und führt als ferneren Beleg an, dass in der Chronik Yolendis, Gemahlin Balduins III. von Hennegau, die in zweiter Ehe Godefrodus de Bochcain, einen vir nobilis, heirathete, auch nach ihrer Wiederverheirathung noch comitissa genannt werde (p. 65). Hier übersieht er aber, dass Gislebert (p. 65) auch sagt, der jüngere Sohn Balduins III. und der Yolendis, Gerard, habe »allodia ex parte matris suae Yolendis comitissae pervenientia scilicet comitatum de Dodewerda et comitatum de Dala« erhalten, d. h. selbstverständlich erst nach der Mutter Tode, wenn Gislebert dies auch nicht ausdrücklich hinzufügt. Yolende besass also auch nach ihres ersten Gatten Tode als Besitzerin zweier Grafschaften den Grafentitel, und wenn sie daher auch später comitissa genannt wird, so ist dies nur das Richtige. Auch ihr zweiter Gatte musste in Folge dieser seiner Heirath den Titel comes erhalten,

2*

wie wir es unter solchen Verhältnissen mehrfach erwähnt finden (cf. p. 86, 253).

Bei Gislebert findet sich kein ähnlicher Fall wie jener der Gräfin-Königin Mathilde, ihm ist die Sitte ohne Frage völlig unbekannt. Wo er erwähnt, dass Töchter eines im Range höher stehenden Vaters einen im Range niedriger stehenden Mann heirathen, nehmen sie den Titel des letzteren an. (p. 26. 31. 81. 186.)

Von Grafen nennt Gislebert, wie wir bereits gesehen haben, Markgrafen, Pfalzgrafen, Landgrafen und einfache Grafen. Nicht dagegen nennt er Burggrafen.

Von Baronen spricht Gislebert an 3 Stellen, einmal in Bezug auf Frankreich (p. 71), das zweite Mal in Bezug auf Flandern (p. 201), das dritte Mal endlich in Bezug auf Lüttich (p. 36). Auch an dieser letzten Stelle ist jedenfalls an flandrische oder französische Barone zu denken, die von dem Lütticher Stifte Lehen hatten. Für Angehörige des Reiches kennt Gislebert diese Bezeichnung nicht. Häufiger findet sich dagegen die Bezeichnung «Par» bei Gislebert, und zwar speciell für Hennegaus Grosse. Es ist entweder von «pares Montenses» oder von «pares Valencenenses» die Rede. Ein vir nobilis, Gosuinus, wird par castri Montensis genannt (p. 52). Eustazius de Ruez, der ältere, heirathete die Tochter cuiusdam viri nobilis, paris castri Montensis und ex parte uxoris terram possedit, de qua factus fuit par castri Montensis (p. 61). Walterus de Lens, vir nobilis, heisst par castri Montensis (p. 62), ebenso Alardus de Cymaco, ein vir nobilis (p. 64). Der vir nobilis Gossuinus de Montibus «duarum paritiarum in Montibus par erat;» seine älteste Tochter ist Ida, in zweiter Ehe mit dem vir nobilis Renerus de Jacea vermählt und Erbin des grössten Theils der väterlichen Besitzungen (p. 63). Wir finden sie später sowohl als par Montensis wie als par Valencenensis genannt (p. 153). Isaac de Barbencione heisst par castri Montensis (p. 63) ebenso der vir nobilis Egidius de Trasiniis (p. 75). Einmal theilt Gislebert die Namen einer grösseren Anzahl von Pares mit (p. 153). Jacob von Avesnes war sowohl par Montensis als Valencenensis (ib). Es ist demnach die Pairschaft eine am Besitze haftende, erbliche und folglich auch auf Frauen übertragbare Würde. Dieselbe Person konnte daher auch mehrere Pairschaften besitzen. Die Pares waren Edelleute (viri nobiles), die, je nachdem sie pares Montenses oder Valencenenses genannt werden, in untereinander gleichen Lehnsverhältnissen zu Mons oder Valenciennes standen, jenen beiden Grafschaften, die den Hauptbestandtheil des Hennegau bildeten (p. 26). Ueber die Pairsgerichte wird später zu sprechen sein.

Dass Gislebert keine Burggrafen nennt, erwähnte ich bereits. Dagegen spricht er mehrfach von castellani, unter welcher Bezeichnung zuweilen Burggrafen zu verstehen sind (Waitz, V. G. VII. p. 46). Besonders sind es drei Kastellane im Hennegau, die Gislebert wiederholt erwähnt: der castellanus Montensis (p. 35. 80. 289), der castellanus Valencenensis (p. 35. 65) und der castellanus Bellimontis (p. 35. 236). Sie sind es auch, die mit dem Grafen von Hennegau, zusammen dem Bischof von Lüttich das hominium zu leisten haben (p. 35). Ausserdem nennt Gislebert noch folgende: castellanus Bincensis (131. 190), castellanus de Fanmars (p. 161) castellanus Tornacensis (p. 104), castellanus de Belmeiz (p. 131); in Flandern: castellanus Sancti Audomari (p. 78), castellanus de Curtraco (p. 253), castellanus de Dicamuda (256), castellanus Gaudavensis (235); ausserdem ist hier noch von der castellaria Brugensis (p. 65) die Rede, (auch p. 115. 117). Warnkönig (I. p. 287 ff.) übersetzt castellanus geradezu mit Burggraf und führt die oben genannten Kastellane von Gent, Courtray, St. Omer als Kastellane ersten Ranges in Flandern an (I. p. 294 ff.); desgleichen gab es einen solchen in Brügge (ib.) Wir werden daher mit Recht auch die übrigen von Gislebert genannten Kastellane für Burggrafen zu halten haben, und castellanus für die in jener Gegend übliche, wenn auch sonst nicht gewöhnliche (cf. Waitz, V. G. VII. p. 41, Anm. 3) Uebersetzung des deutschen »Burggrafen« annehmen.

Zwei Mal nennt Gislebert einen praepositus «miles». Einmal ist es ein praepositus Argentinensis (p. 190), das andere Mal der praepositus Duacensis (p. 124). Wachter (p. 55) denkt hier «zunächst» an den Vorsteher eines castellum und ist der Ansicht praepositus entspräche an den angeführten Stellen dem sonst vorkommenden castellanus. Er führt auch an, dass Toeche (XIII. Beil p. 654) praepositus Argentinensis mit Burggraf von Strassburg übersetzt, indessen ein Fragezeichen hinzugefügt, und dass auch Du Cange praepositus für praetor vel praefectus vel quaestor-Burhgerefa i. e. comes urbis, burgi erklärt. Und allerdings gab es sowohl in Strassburg (Waitz, V. G. VII. p. 44) einen Burggrafen, wie in Donai einen Kastellan (Warnkönig I. p. 295). Dennoch kann ich dieser Annahme nicht folgen. Wir sahen, dass Gislebert für das deutsche «Burggraf» die Bezeichnung «castellanus» hat, und es hiesse seinen Worten Zwang anthun, wollte man in diesen beiden Fällen nun auch «praepositus» mit Burggraf übersetzen. Auch nach Waitz (V. G. VII. p. 41, Anm. 3) findet sich bei der mannigfaltigen Ueber-setzung dieses deutschen Wortes nie praepositus für Burggraf. Da ferner Gislebert über jenes duellum des praepositus Argentinensis als Augenzeuge berichtet, dürfen wir bei seiner bekannten Ge-nauigkeit für gewiss halten, dass er jenem den ihm wirklich zu-kommenden Titel beigelegt hat. Also kann meiner Ansicht nach hier so wenig wie an jener anderen Stelle von Burggrafen die Rede sein.

Wachter (p. 55), wie wir sahen, dachte «zunächst» sich unter praepositus an den angeführten Stellen den Vorsteher eines castellum. Wie er «alsdann» einen praepositus, der zugleich miles war, zu er-klären geneigt sein möchte, sagt er zwar nicht ausdrücklich, doch geht es aus den jener ersten Erklärung unmittelbar folgenden Worten deutlich genug hervor. Denn unmittelbar, nachdem er die von Du Cange gegebene Erklärung angeführt hat, führt er in folgender Weise fort: «dass dem geistlichen Stande angehörende Personen diesem entsagen und wieder in den weltlichen Stand zurücktreten durften, dafür bietet uns Gislebert zwei Beispiele» u. s. w. Ohne Zweifel möchte er also auch die hier «milites» genannten praepositi für in den weltlichen Stand zurückgetretene Pröpste halten. Dann aber hätten sie kein Recht mehr auf den geistlichen Titel gehabt, und Gislebert am wenigsten hätte sie noch dazu ohne jede weitere Be-merkung als praepositi bezeichnet. Nennt er doch auch z. B. Albert, den ehemaligen Archidiakonen der Lütticher Kirche, nach seinem Rücktritt in den Laienstand nicht bei seinem früheren Titel, sondern nur «ducis Lovaniensis filius» (p. 183).

In anderer Weise muss man also den scheinbaren Widerspruch zu lösen suchen. Waitz (V. G. VII. p. 312 ff.) sagt: «Noch bedeutender (n. b. als das Kämmereramt) war in den Bisthümern das Amt des Vicedominus (auch oeconomus, protooeconomus), der in alter Weise zunächst für Verwaltungssachen überhaupt bestimmt war. Es galt ursprünglich für ein geistliches Amt und ward von höher gestellten Mitgliedern des Stifts bekleidet, war namentlich auch mit der Würde des Propstes verbunden oder selbst mit diesem Namen bezeichnet. Aber auch Weltliche haben gesucht und gewusst sich in den Besitz desselben zu setzen, was kirchliche Schriftsteller rügten, aber nicht zu hindern vermochten. Vasallen und Ministerialen gelangten zu solcher Stellung» (cf. auch V. G. V. p. 326, Anm. 1). In dieser Weise erklärt sich der praepositus Argentinensis mit Leichtigkeit, ohne dass man Gisleberts Worten einen ihnen fremden Sinn beizulegen braucht, als miles. Solcher vicedomini gab es aber auch mehrere in den einzelnen Bisthümern: «man unterscheidet dann den, welcher am Hofe lebte, hier die oberste Stellung in der Verwaltung einnahm, und andere, welche einzelnen Orten und Besitzungen vorgesetzt waren» (Waitz, V. G. VII. p. 313). Douay gehörte als Dekanat zu dem Bisthum Arras (cf. Warnkönig I. p. 410). Es hat also nichts auffallendes auch hier einen weltlichen vicedominus, der zugleich praepositus war und dem Ritterstande angehörte, anzunehmen. Ja, man kann bei Gisleberts anerkannter Genauigkeit diese beiden Stellen der Chronik gerade als Belege für die von Waitz (a. a. O.) ausgesprochene Ansicht gelten lassen.

Will Gislebert die Grossen des Reichs zusammenfassend bezeichnen, so ist sein gewöhnlicher Ausdruck, «principes imperii et alii nobiles» mit oder ohne Hinzufügung von milites oder ministeriales (p. 143. 219. 230. 241.) Einmal sagt er principes imperii et alii fideles (p. 180) (cf. Ficker, Rf. p. 133.)

Dass Gislebert bei Aufzählungen nicht willkürlich verfährt, sondern die Rangordnung einzuhalten bemüht ist, sahen wir bereits, desgleichen auch, dass er dabei verwandtschaftliche Beziehungen berücksichtigt. Letzteres geschieht auch in folgenden Fällen: mediantibus rege Angliae Henrico seniore et Henrico filio rege et Willelmo archiepiscopo Remensi et comite Theobaldo et comite Stephano et duce Burgundiae et comite Hanoniensi (p. 136); die beiden Grafen, die vor dem Herzog genannt werden, sind Brüder des verstorbenen Königs von Frankreich. Ebenso ad quod divortium praepotentes scilicet Willelmus Remensis archiepiscopus et Theobaldus comes et Stefanus comes, regis Francorum avunculi, et Henricus, dux Burgundiae, et Radulfus comes Clarimontis praecipui regis Francorum consiliarii laborabant (p. 139). Ferner: Richardus, dux Aquitaniae, regis Anglorum filius, et Philippus Belvacensis episcopus et Robertus Drecensis comes frater ejus et Jacobus de Avethnis signum crucis assumpserunt (p. 179) und: sub testimonio principum scilicet Conradi Manguntiensis archiepiscopi et Conradi comitis palatini Reni et episcopi Wormacensis et episcopi Spirensis u. s. w. (p. 206), wo einmal Richard als Sohn des Königs von England, das andere Mal der Pfalzgraf vom Rhein als Kaiser Friedrichs Bruder vor Bischöfen genannt werden. Lediglich nach dem Grade der Verwandtschaft erfolgt die Nennung der Namen an folgender Stelle: juraverunt Maria comitissa (n. b. Campanensis) vidua, Adela Francorum regina vidua, Philippi regis mater, soror praedicti Henrici comitis (n. b. Campanensis), Theobaldus comes Blesensis et Stephanus comes, ipsius Henrici fratres, et Henricus dux Burgundiae et Henricus comes de Bar, nepotes eorum, et multi alii nobiles (p. 123); wo der Verwandtschaftsgrad in Bezug auf den verstorbenen Grafen Heinrich von der Champagne der gleiche ist, geht der Höhergestellte vor, so unter den Geschwistern die regina den beiden comites, unter den nepotes der dux dem comes.

Aber nicht stets hält Gislebert so genau die Reihenfolge nach dem Range ein: bei der Aufzählung der im Kreuzzuge Gefallenen beobachtet er gar keine feste Ordnung (p. 241 f.), und auch bei Nennung der kaiserlichen Rathgeber (p. 145) und der judicatores (p. 180) verfährt er nicht nach der Regel.

P. 189 f., wo er die Richter nennt, welche in Mons über ein duellum entschieden, zählt er Kleriker und Laien durch einander auf. Auch wo er allgemein von Klerikern und Laien spricht, nennt er letztere ebenso oft vor ersteren (p. 147. 186. 184. 211.) wie umgekehrt (p. 78. 98. 99. 247. 266.).

Ist allein von Geistlichen die Rede, so erfolgt die Aufzählung nach dem Grade der kirchlichen Würde: a domino papa et ejus cardinalibus et legatis et a domino Remensi et ejus officialibus et a domino Cameracensi et ejus officialibus (p. 47). Damit stimmt überein, wenn Ficker (Rf. p. 170) sagt, «Die Kardinäle der römischen Kirche behaupten in der Regel den Vorrang vor allen geistlichen Reichsfürsten», und (Rf. p. 171) einen «Vorzug mag auch die Würde eines apostolischen Legaten begründet haben.» Ferner: congregatis clericis scilicet abbatibus, archidyaconis, praepositis, decanis et aliis ecclesiarum praelatis aliisque clericis (p. 183) und: quamplures archidyaconos, abbates, praepositos, decanos, canonicos presbiteros (p. 265). Die abbates, natürlich nur diejenigen, die nicht reichsunmittelbar waren, und von solchen ist hier nur die Rede, scheinen also mit den archidiaconi um den ersten Rang zu streiten. Nach ihnen folgen die praepositi, dann die decani.

Wachter (p. 17) macht darauf aufmerksam, «dass Gislebert nicht willkürlich mit der Bezeichnung dominus verfährt, sondern nur denjenigen als dominus bezeichnet, welchem an der betreffenden Stelle auch wirklich die Berechtigung zur Führung dieser Bezeichnung zusteht», d. h. wo der Betreffende in dem Verhältniss als Lehnsherr erscheint. Das ist im Allgemeinen richtig und Wachter selbst hat eine Reihe von Beispielen (ib.) angeführt, die seine Ansicht bestätigen. Doch will ich eine Stelle anführen, in welcher Gislebert ganz willkürlich mit dem Titel «dominus» verfährt. Es ist dies bei der Aufzählung der Theilnehmer der Mainzer Reichsversammlung (p. 143 f.). Die Erzbischöfe von Mainz, Koeln, Magdeburg und der Abt von Fulda erhalten den Titel dominus, dann folgen die Erzbischöfe von Trier, Bremen, Bésançon, Regensburg ohne denselben, worauf die Bischöfe von Kammerich und Lüttich ihn erhalten, während er den anderen Bischöfen nicht ertheilt wird. Und Unregelmässigkeiten finden sich im Gebrauch dieses Wortes auch sonst. So wird z. B. der Bischof von Toul, der als Gesandter des Grafen von der Champagne an den kaiserlichen Hof gekommen war, ohne Veranlassung «domnus» genannt (p. 203). Zu «imperator», «rex», «papa», «cardinalis», auch zu «archiepiscopus» und «electus» (scil. in archiepiscopum) wird fast durchgängig

auch ohne einen besonderen Grund der Titel «dominus» hinzugefügt.
«Domine» mit Hinzufügung des dem Angeredeten zukommenden
Titels war die damals übliche Anrede. Robert de Bona spricht den
Grafen Philipp von Flandern mit «domine comes» an (p. 166) ebenso
Robert de Belren und Gerardus de Sancto Oberto den Grafen Balduin V. Letzterer redet nur mit «domine» seinen Oheim, den Grafen
von Namur an. In der Reichsversammlung in Worms redete Gislebert
selbst, der Kanzler und Bote Balduins V., König Heinrich mit «domine rex» an (p. 223), und in derselben Versammlung endlich wird
der Herzog von Brabant mit «domine dux» angesprochen. (p. 224.)

Kapitel III.

Succession und Erbtheilungen.

Graf Balduin VI. von Flandern war (ao. 1067) durch Heirath
der Richeldis, der Witwe des verstorbenen Grafen Hermann von Mons,
welche ihre Kinder erster Ehe, indem sie dieselben der Kirche weihte,
um ihre Erbschaft gebracht hatte, zugleich Graf von Hennegau geworden (p. 26 f.), als solcher Balduin I. genannt. Bei seinem Tode
(1070) hinterliess er zwei Söhne. Dem älteren, Arnulf mit Namen,
übertrug er die Nachfolge in Flandern, dem jüngeren Balduin II. die
in Hennegau mit der Bestimmung, quod si alterutrum eorum decedere contingeret, alter in utroque comitatu succederet (p. 28): Der
ältere Sohn folgte also in dem eigentlichen Lehn des Vaters nach, der
jüngere in dem der Mutter gehörigen Lande. Arnulf (III) von Flandern
wurde von seinem Oheim Robert dem Friesen, dem Bruder seines
Vaters, vertrieben und starb im Kampfe gegen denselben. Nun war
Balduin II. von Hennegau der rechtmässige Erbe von Flandern. Um
mehr Streitmittel gegen den Usurpator Robert zu erlangen, übertrugen
Richeldis und Balduin II (1071) die ganze Grafschaft Hennegau dem
Bischof von Lüttich und empfingen sie von ihm zu Lehn zurück
(p. 34). Dadurch wurde sie zur Primogenitur: «quia tota terra Hanoniae ecclesiae Leodiensi erat assignata et ab episcopo Leodiensi in

feodo tenebatur, ad primogenitum tota deveniebat filium» (p. 61). Es folgt daher im Hennegau nun stets der älteste überlebende Sohn nach des Vaters Tode in der ganzen Grafschaft: auf Balduin II. folgt (1126) Balduin III., «filius ejus primogenitus» (p. 60), nach dessen Tode 1133 «primus filius Balduinus (IV) comitatum Hanoniensem obtinuit» (p. 65). Zwei ältere Brüder waren schon zu des Vaters Lebzeiten gestorben, daher folgte des letzteren dritter Sohn Balduin V ihm (p. 99) und diesem endlich Balduin VI., «filius ejus primus» (p. 292), im Jahre 1195. Letzterer war bereits 1194 nach seiner Mutter Tode, welche Flandern durch Erbschaft besass, hier als «primus filius» ihr gefolgt (p. 264).

Die jüngeren Söhne, sofern solche vorhanden waren, suchte man anderweitig zu entschädigen. Dass Balduin I. seinem jüngeren Sohne Balduin II. den Hennegau, das Erbe seiner Mutter, bei seinem Tode, hinterliess, welches damals ja noch nicht Primogenitur war (p. 28), ist bereits erwähnt. Was Balduins II. jüngerer Sohn Arnulf erhielt, erfahren wir nicht, sondern hören nur, dass er der Vater des älteren Eustacius de Ruez wurde (p. 60). Balduin III. bestimmte für seinen jüngeren Sohn Gerard die «allodia in Aduallensibus partibus ex parte matris suae Yolendis comitissae pervenentia, scilicet comitatum de Dodewerda et comitatum de Dala» (p. 65). Balduin IV. verschrieb mit Zustimmung seines ältesten Sohnes dem jüngeren, Heinrich, die «bona quae ipse acquisierat ....» Jedoch fügt Gislebert hinzu: «de hiis omnibus Henricus fratri suo Balduino ligium hominium exhibuit» (p. 71). Letzteres musste geschehen, wenn man nicht offen gegen jenen Vertrag mit der Lütticher Kirche (si quod allodium in toto comitatu Hanoniensi comiti datum fuerit, et postea ab ipso in feodo accipiatur, vel si quod allodium intra terminos sui comitatus, vel servos vel ancillas sibi in proprietatem acquisierit, ipse statim ea ab episcopo Leodiensi cum alio feodo suo tenet (p. 35) und ad primogenitum tota (scil. terra Hanoniensis) deveniebat filium; itaque fratres et sorores in hereditate illa nequaquam participant) (p. 61) verstossen wollte. Balduin V. endlich bestimmte für seinen zweiten Sohn Philipp Namur, und zwar «ita quod Philippus terram illam a fratre suo comite Flandrensi et Hanoniensi post patris decessum in feodo ligio teneret et ipsa terra dominio Hanoniensi adderetur comes

autem Hanoniensis ipsam terram ab imperatore teneret (p. 273f.). Auf
diese Weise wurde die bei der Erhebung Balduins V. zum Reichsfürsten
getroffene Bestimmung (S. 16) umgangen, nach welcher «marchia illa
Namurcensis nulli de heredibus comitis Hanoniensis tenenda unquam
concederetur nisi ei, qui comitatum Hanoniensem tenebit» (p. 206)
(cf. Ficker Hsch. p. 132). Eine solche Umgehungsform fanden wir auch
schon bei dem Vergleich über Alost (S. 21). Der dritte Sohn
Balduins V., Heinrich, war es vielleicht, der mit Aalst belehnt wurde
(p. 245). Sonst erwähnt Gislebert nicht, dass er vom Vater mit
Ländereien ausgestattet wurde.

Entsprechend lagen jedenfalls auch die Verhältnisse in Flandern.
Wir sahen, dass Balduin VI. von Flandern (I. von Hennegau) der
älteste Sohn Arnulf in Flandern folgte (p. 28), der Gräfin Margarethe
ihr «primus filius» Balduin VI., als Graf von Flandern der IX.
(resp. VIII.) genannt (p. 264). Damit stimmt überein, wenn Lambert
von Hersfeld (S. S. V. p. 180) in Bezug auf Flandern sagt: unus
filiorum qui patri potissimum placuit . . . totius Flandriae principatum
solus hereditaria successione obliveret, ceteri vero fratres aut huic
subditi dictoque obtemperantes ingloriam vitam ducerent aut peregre
profecti u. s. w. und Gislebert (p. 80) erwähnt, dass Robert Friso
«nulla patrimoniorum participatione gaudebat.»

Dass die Söhne, speciell die ältesten das nächste Erbrecht haben,
findet sich durchgehends (cf. p. 61, Wachter p. 50). Von einer Theilung
der Besitzungen unter Söhne und Töchter, sowie von einer Bevorzugung eines entfernteren männlichen Verwandten selbst vor einer
Tochter ist einige Male die Rede.

Als Graf Wilhelm von Luxemburg ao. 1131 gestorben war,
erhielt, obwohl er eine Tochter hinterlassen hatte, der Neffe desselben
Graf Heinrich von Namur, «quia avunculus absquo masculo herede
proprii corporis decesserat», nicht nur die sämmtlichen feoda desselben
«per gratiam domini imperatoris Romanorum», sondern auch als Erb-
theil seiner Mutter Ermensendis die Hälfte der Allods desselben (p. 68).
Derselbe Graf Heinrich erbte von dem Grafen von la Roche, dem
Bruder seines Vaters, obwohl derselbe eine Tochter Mathilde, vermählt
an Nicolaus von Avesnes und diese sowohl von letzterem wie von

ihrem ersten Gatten Söhne hatte, «tam de parte allodiorum suorum quam de gratia imperatoris domini et terram et comitatum de Rocha et advocatias Stabulacensis ecclesiae» (p. 77).

Des Grafen Heinrich von Namur Vater, Graf Gottfried von Namur hatte von seiner ersten Gattin zwei Töchter, von der zweiten zwei Söhne, Heinrich I. und Albert, der jung starb, und drei Töchter. Die Töchter erhielten je einen Antheil an den Allods, so auch Alidis die Gemahlin Balduins IV. von Hennegau. Die Ansprüche zweier Schwestern erwarben Balduin und Alidis, so dass ihnen drei Theile am Allode von Namur zustanden. Nun wurde zwischen Heinrich von Namur und Balduin IV. vereinbart, dass ersterer im lebenslänglichen Besitz jener Allods verbleiben sollte, dafür aber nach seinem Tode «omnia allodia cum feodis et aliis terris» an Balduin IV. und Allidis kommen sollten. Dies wurde mehrfach in Namur sowohl wie in Durbuy, la Roche und Luxenburg beschworen (p. 67 f.). Als Graf Heinrich Laurentia, die Tochter des Grafen Dietrich von Flandern heirathen wollte, heisst es «matrimonium nisi de consensu et laudamento Balduini comitis Hanoniensis et Alidis comitissae et eorum filii Balduini contrahere non potuit», da die alten Verträge natürlich durch eine Ehe Heinrichs gefährdet wurden. Nachdem dieselben jedoch aufs neue beschworen waren, ertheilten Balduin IV. und die Seinen ihre Einwilligung (1163) (p. 73). Kinder aus dieser Ehe erwähnt Gislebert nicht; Laurentia selbst ging ins Kloster, nachdem die Ehe getrennt war (p. 72). Eine zweite Ehe schloss ao. 1168 Graf Heinrich «contra juratam compromissionem quam cum Balduino (IV.) saepedicto comite Hanoniensi et ejus uxore Alide eorumque filis Balduino (V.) firmaverat» mit Agnes, der Tochter des Grafen Heinrich von Geldern. Da letzterer jedoch einen Punkt des Ehevertrages nicht erfüllte, sandte Heinrich von Namur ihm die Tochter nach vier Jahren zurück. «Sed ei in lecto nequaquam communicaverat» fügt Gislebert hinzu (p. 93). Also auch dies Mal erwuchs aus dieser Heirath dem Grafen Balduin keine Gefahr. Als Balduin V. von Hennegau zur Regierung gekommen war, liess Heinrich von Namur ao. 1172 auch ihm die «fidelitates et securitates» von Vasallen und Dienstmanen erneuern (p. 104); dasselbe geschah im Winter 1182' als Heinrich in Luxenburg erkrankte (p. 134). Um sich auch die Zustimmung des Kaisers zu sichern, begann Balduin V. 1183 auch mit dem Hofe über diese Angelegenheit zu unterhandeln. Der Kaiser war günstig für Balduin V. gestimmt und hiess Balduin durch seine Boten persönlich bei ihm zu erscheinen. Dagegen wies er Wildricus de Walecort und Jacob von Avesnes, die als Söhne erster und zweiter Ehe Mathildes, der Tochter des Grafen von la Roche, Oheims Heinrichs von Namur, Ansprüche auf die Grafschaft la Roche erhoben, (Jacob war selbst vor dem Kaiser erschienen), zurück (p. 137). Jenem Befehle gehorsam begab sich Balduin V. persönlich zum Kaiser, nachdem ihm Heinrich von Namur selbst «litteras deprecatorias» an denselben mitgegeben hatte. Kaiser Friedrich und König Heinrich versprachen ihm «gratia sua super omnibus possessionibus comitis Namurcensis» und hiessen ihn auf der zu Pfingsten 1184 angesagten Reichsversammlung erscheinen (p. 138). Hier erhielt er denn aufs neue für Namur, Luxenburg und la Roche des Kaisers Versprechungen (p. 146). Zwar hatte daselbst auch Herzog Berthold von Zaehringen als Sohn des Herzogs Conrad von Zaehringen und einer Schwester (Clementia) des Grafen Heinrich von Namur Erbansprüche erhoben. Dieselben bezeichnet Gislebert indess mit Recht als ungerechte, da seine Mutter «pro sua parte allodiorum duo castra» erhalten hatte, sie somit abgefunden war (p. 1451).

Bedenklicher gestalteten sich die Verhältnisse für Balduin, als auf Anstiften des Erzbischofs von Koeln, des Grafen von Flandern und des Herzogs von Brabant, die das Heranwachsen einer so bedeutenden Macht zu hindern wünschten, Graf Heinrich von Namur seine 1172 verstossene Gattin Agnes wieder aufnahm, und dieselbe im Juli 1186 eine Tochter, Ermensinde genannt, gebar (p. 171). Letztere wurde, ein Jahr alt, mit dem Grafen Heinrich von Champagne verlobt, und dieser liess sie, um mit grösserem Nachdruck als Erbe von Namur auftreten zu können, an seinen Hof bringen (p. 177). Ihm liess nun auch Heinrich als seinem Nachfolger trotz des Widerspruchs Balduins in seinem Lande huldigen (ib.). Als sich Graf Heinrich von Champagne jedoch auf dem Kreuzzuge befand, kam zwischen Balduin und seinem Oheim eine Einigung zu Stande. Die alten Verträge und die Huldigung wurden erneuert (p. 186 f.). Die Tochter erhielt der Graf zwar nicht sogleich zurück, da man durch ihren Besitz noch Namur für Heinrich von Champagne zu erwerben hoffte, als sich jedoch dessen Rückkehr aus dem Morgenlande immer mehr verzögerte, ward Ermensendis 1191 ihrem Vater zurückgegeben (p. 226). So gelangte Balduin V. endlich nach mannigfachen Verhandlungen und trotz noch so mancher Feindseligkeit in den Besitz von Namur, la Roche und Durbui (cf. S. 15 f.; auch die Darstellung der ganzen Erbangelegenheit bei Ficker, Rf. p. 108 f.)

Ich habe diese Erbangelegenheit hier so genau besprochen, da sie von Gislebert selbst in hervorragender Weise betont wird und des Grafen Balduin V. Erbansprüche auf Namur als vollkommen gerechte zu beweisen, für Gislebert mit ein wesentlicher Zweck seiner Geschichtsschreibung war. (cf. Wachter, p. 37.)

Waren übrigens nur Töchter vorhanden, so erbten diese in der Regel. Eine Bevorzugung der ältesten Tochter macht sich auch hier geltend. So heisst es: defuncto Walberto cum filios non haberet, filia ejus primogenita in ducatus honore ei successit (p. 38). Es ist das Herzogthum Lothringen gemeint. Ferner: Gossuinus autem juvenis, antequam fieret miles, decessit, itaque major pars possessionum supradicti Gossuini (n. b. des Vaters) scilicet stagiorum et aliorum bonorum ad Idam de Jacea et ad ejus virum Renerum et eorum filium Gerardum devenit (p. 63). Diese Ida war aber die filia primogenita des älteren Gossuin (ib.).

Ida, die älteste Tochter des Mattheus, Bruders des Grafen Philipp von Flandern, «post patrem comitatum Boloniensem tenuit» (p. 87).

Auch nach dem Tode des Herzog Goscelo I. von Lothringen (ao. 1044) werden die Ansprüche Raelendes, Gräfin von Namur, als seiner ältesten Tochter von Gislebert als die berechtigten anerkannt. Durch Bemühung des Bischofs von Lüttich, der eine zu grosse Macht des Grafen von Namur fürchtete, kam das Herzogthum und Bouillon freilich an Gottfried, den Sohn der jüngeren Tochter Goscelos, Ida, Gräfin von Boulogne (p. 31 f.).

Die Tochter des Petrus, Bruders des Grafen Philipp von Flandern, «bona patri suo assignata scilicet Lileirs et Sanctum Venantium tenuit» (p. 80). Sie war die einzige Tochter.

So lange beide Gatten lebten, galt der Mann ebenso gut als Besitzer als die Frau, auch wenn diese die Erbschaft zugebracht hatte. Starb jedoch diese, so trat sofort der betreffende Erbe in seine Rechte, nicht aber war der Gatte ihr Nachfolger.

So sahen wir bereits, dass Balduin V., so lange seine Gemahlin lebte, auch als Graf von Flandern galt. Als diese jedoch starb (1194), folgte ihr sogleich noch bei Lebzeiten des Vaters ihr Sohn Balduin VI. (p. 264). Philipp, Balduins V. jüngerer Sohn, sollte die Tochter des Grafen Philipp von Nevers heirathen. Letzterer besass die Grafschaft nur «ex parte uxoris quam habuerat», es war also seine Tochter die rechtmässige Erbin, und Philipp, Balduins Sohn, hätte zugleich mit ihrer Hand auch die Grafschaft erlangen müssen. Dennoch sollte er zunächst nur die Grafschaft Tonnerre erhalten und erst nach des Grafen Tode «totam terram Nivernensem»; eine Vergünstigung, die dem Grafen Philipp der König von Frankreich ausdrücklich hatte zu Theil werden lassen (p. 253). Theodericus de Alost hatte zur Gemahlin Laureta, die Tochter Balduins IV. von Hennegau. Nach seinem Tode folgte ihm nicht etwa seine Witwe sondern die «terra, quam habuerat tam de Alost quam de Waisa» fiel als erledigtes Lehn an den Grafen Philipp von Flandern zurück (p. 73).

Daher war es eine Vergewaltigung, wenn Graf Philipp von Flandern nach seiner Gattin Tode, durch welche er die Grafschaft Vermandois besass, diese auch fernerhin behauptete. Die rechtmässige Erbin war vielmehr nun die Schwester der Verstorbenen, Gräfin Aenora von Beaumont, für welche auch der König von Frankreich eintrat. Nach längeren Verhandlungen kam ein Vergleich zu Stande «ita quod comes Flandriae totam terram Viromandiam et Valesium quasi pro 14 milibus libris denariorum Cathalanensium in vadio retinuit». Im selben Jahre (1183) einigten sich Philipp und die Gräfin von Beaumont indess noch in der Weise, dass Graf Philipp «Valesium comitissae Bellimontis Aenorae liberum reddidit, interposita condicione, quod totam Viromandiam, sicut comes Radulfus possederat, dum viveret, in pace possideret» (p 135 f.). Der genannte Graf Rudolf war der Schwager Philipps, nach dessen Tode eben dieser, «qui sororem ejus primogenitam habebat Elisabeth uxorem», in den Besitz von Vermandois und Valois gekommen war (p. 84). Dieser Graf Philipp von Flandern hatte, als er ao. 1177 nach dem Morgenlande aufzubrechen im Begriffe war, da er keine Leibeserben hatte und seine Brüder Mattheus und Petrus, von denen übrigens nur Töchter existirten, bereits gestorben waren, den Grafen Balduin V. und dessen Gemahlin, seine Schwester Margarethe, zu Erben eingesetzt und ihnen als seinen rechtmässigen Erben in Flandern huldigen lassen, «concedente eciam sorore sua, in Messinensi ecclesia sanctimoniali». Letztere ist Gertrud, die zuvor in zweiter Ehe mit Hugo de Oisi vermählt gewesen war. Es ist also anzunehmen, dass die beiden anderen Schwestern Philipps und Margarethes, Laureta und Mathilde, damals bereits gestorben waren, da nur Gertrud allein ihre Zustimmung gab (p. 113). Im folgenden Jahre kehrte Philipp nach Flandern zurück (p. 116). Einige Jahre danach (1180) kam besonders auf seine Veranlassung die Vermählung seiner Nichte Elisabeth, Balduins V und Margarethas ältester Tochter, mit Philipp August, dem Sohn König Ludwigs VII. von Frankreich, zu Stande. So sehr Balduin V. diese Ehre für seine Tochter zu schätzen wusste, war er mit dieser Heirath doch nicht zufrieden, da nach Philipps von Flandern Bestimmung nach seinem Tode Artois an die Königin Elisabeth oder deren Erben fallen sollte. Uebrigens wurde ausdrücklich festgesetzt, dass »si filia comitis Hanoniensis Philippo regi nupta absque proprii corporis herede decederet«, dies Gebiet an den Grafen Balduin V. und seine Erben zurückfallen sollte, desgleichen auch: »si Elisabeth proprii corporis heredem haberet et illum heredem absque proprii corporis herede decedere contingeret« (p. 119 f.). Danach (ao. 1184) heirathet Philipp von Flandern zum zweiten Male und zwar Mathilde, die Tochter des Königs von Portugal, und stattet sie mit Gütern aus, welche zum Theil an Elisabeth von Frankreich, zum Theil an den Grafen Balduin V. und Margarethe kommen sollten (p. 147 f.). Auch diese Ehe Philipps blieb kinderlos. Nach seinem Tode (ao. 119!) nahm Balduin V. »terram Flandrensem jure hereditario uxorem suam Margaretham comitissam contingentem« in Besitz (p. 228). Dasjenige, was jure ad dotalicium Mathildis, der Witwe Philipps gehörte, liess er unberührt (p. 229). Es brachen nun Streitigkeiten aus, da Mathilde ganz Flandern als ihr dotalicium beanspruchte. Unter Vermittelung des Erzbischofs von Rheims kam indess noch im selben Jahre eine Einigung zu Stande. Mathilde musste sich mit dem »dotalicium sibi in nuptiis traditum« begnügen und auf die Gebiete, welche Philipp im Zorn gegen Balduin V. ihr später noch verliehen hatte, verzichten (p. 233).

Als Ivo, Suessionis comes et Nigellae dominus, ohne Leibeserben starb, folgte ihm Cono nepos ejus, Brugensis castellanus, qui castrum Petrepontis ex parte uxoris suae possidebat in omnibus locis suis nach (p. 115). Und als dieser Cono gleichfalls kinderlos starb, folgte ihm in dominio Nigellae et castellaria Brugensi sein Bruder Johannes, in comitatu Suessionensi sein Bruder Rudolf, während das dominium Petrepontis castri an seine Gemahlin Agathe »tamquam sua hereditas« natürlich zurückfiel (p. 117).

Wie sehr man bemüht war, der Verwandtschaft bei der Nachfolge Rechnung zu tragen, zeigt folgender Fall: cum comitatus Boloniensis ita vacaret, quod quasi nullus in eo heres compararet, compositum fuit per considerationem hominum terrae illius, quod quaedam domina, quae religionis habitum assumpserat, quia proxima heres videbatur, ad dignitatem comitatus suscipiendam vocata fuit. Es ist dies die Gräfin von Boulogne, welche Mattheus, der Bruder des Grafen Philipp von Flandern, heirathete (p. 86 f.).

Wir finden also fast überall bei Gislebert, dass der Grad der Verwandtschaft bei der Succession den Ausschlag gab. Liessen sich die Erbansprüche nicht entscheiden, so einigten sich die Erben wohl unter einander wie in folgendem Falle: defuncto comite Valencenensi absque proprii corporis herede tam jure hereditario quam coemptione facta cum nobilibus quibusdam, qui in heredidate illa reclamabant, sibi in proprietatem comitatum illum vendicaverunt (scil. Graf Hermann von Mons und Richeldis) (p. 26).

Von einer Wahl spricht Gislebert an zwei Stellen.

Auf den ermordeten Grafen Karl von Flandern (1127 †) folgte per electionem et considerationem justam hominum Flandrensium vir nobilissimus de Bithis et in Alcacia, Theodericus, frater ducis de Nanci, in comitatu Flandrensi (p. 80 f.). Uebrigens war Theodericus der Schwestersohn von Carls Mutter, und was hier Wahl genannt wird, war nur mehr eine Entscheidung der zwischen verschiedenen ziemlich gleichberechtigten Prätendenten obwaltenden Successionsfrage von Seiten der Interessenten (cf. Warnkönig I p. 138 f.).

An der anderen Stelle handelt es sich um die Wahl Friedrichs von Hohenstaufen zum deutschen Könige. Gisleberts Bericht weicht bedeutend von der gewöhnlichen Ueberlieferung ab. Ueber diesen Punkt verweise ich auf Arndt in seiner Ausgabe des Chronicon Hanoniense (p. 89, Anm. 1), Wetzold (p. 33 ff.) und endlich Prutz (K. F. I Beilage 1 p. 402), der sich meiner Ansicht nach am klarsten und erschöpfend über diese Frage ausgesprochen hat.

Die Wahl Heinrichs VI. und seine Krönung zum Könige erwähnt Gislebert garnicht. Bei Gelegenheit der Mainzer Reichsversammlung erwähnt er nur, dass Heinrich die Königskrone getragen habe (p. 142).

Verliess ein Fürst sein Land, so wurde die Regierung von ihm einem Stellvertreter übertragen.

Als Graf Philipp von Flandern 1177 nach Jerusalem aufbrach, übertrug er das Land der custodia fidelium suorum (p. 113), während er bei seinem Aufbruch zum Kreuzzuge (ao. 1191) dasselbe custodiae et protectioni uxoris suae Mathildis reginae in Gegenwart des Grafen und der Gräfin von Hennegau und ihrer Söhne anvertraute (p. 221). An demselben Kreuzzuge nahm auch König Philipp II. August von Frankreich Theil, während dessen Abwesenheit Wilhelm, der Erzbischof von Rheims, der Bruder seiner Mutter: »Franciam procurabat« (p. 229).

Eine solche procuratio des Landes, gewöhnlich verbunden mit der Vormundschaft, musste auch bei der Minderjährigkeit des Erben eintreten.

Gislebert (p. 26) erzählt «Balduinus (VI. resp. I.) comes . . . . Flandriam et Hanoniam possedit et pro nimia avunculi sui Henrici regis Francorum juventute Franciam procuravit». Es liegt hier eine Verwechslung vor. Der Vater jenes Balduin, nämlich Graf Balduin V. von Flandern, führte eine Zeit lang die Vormundschaft nicht für Heinrich I. sondern für dessen Sohn Philipp I. (1060—1108), seinen nahen Verwandten, nachdem zunächst die Mutter desselben die Vormundschaft geführt hatte.

3*

Nach dem Tode des Grafen Hermann von Hennegau, «pueris in parvitate manentibus Richeldis comitissa vidua supervixit et totam terram Hanoniensis comitatus tam de jure dotalicio quam de procuratione puerorum suorum tenuit» (p, 26). Und nach dem Tode ihres zweiten Gemahls Balduins VI. von Flandern, erhielt sie die Vormundschaft für den jüngeren Sohn Balduin (II.) und die procuratio des Hennegau, wie aus Gislebert (p. 29 f.) deutlich hervorgeht, während, da auch der ältere Sohn erst wenige Jahre alt war, Balduin VI. «Arnulfi primogeniti et totius Flandriae procurationem fratri suo Roberto Frisoni sub intentione bona commisit» (p. 28).

Auch Balduin III. von Hennegau hinterliess keinen erwachsenen Sohn: «Jolendis vero comitissa vidua tam de jure dotalicio quam de parvitate Balduini (IV.) filii sui Hanoniam diu tenuit (p. 65).

Nachdem seine Gattin und Besitzerin der Grafschaft Boulogne in das Kloster zurückgekehrt war, heisst es von ihrem Gemahl Mattheus, dass er «pro parvitate filiarum», also der rechtmässigen Erben, den comitatus Boloniensis besass (p. 87). Nach dem Tode des Grafen Rudolf von Vermandois blieb sein unmündiger Sohn als Erbe zurück: «unde pro pueritia et parvitate ejus terra Viromandiae custodienda cum thesauro a patre congregato commissa fuit fideli illius, viro venerabili, vivido ac sapienti, Jvoni comiti Suessionensi et domino Nigellae» (p. 84).

In der Regel also übernahm der überlebende Gatte oder ein naher Verwandter die Vormundschaft über die erbberechtigten Kinder und die procuratio des Landes. Die Fähigkeit zur Uebernahme der Regierung war bei den Söhnen an die Wehrhaftmachung geknüpft. Von einem kirchlichen Act, mit dem dieselbe um 1150 schon regelmässig verbunden gewesen sein soll (cf. Baltzer Kw. p. 6 f.), findet sich bei Gislebert keine Spur. Balduin V. von Hennegau beeilte sich seinen Neffen Mattheus de Monte-Morenciaco zum miles zu machen, »ut terrae dominium valeret obtinere» (p. 73).

Von Heinrich I. von England heisst es: «defunctis comitibus vel viris nobilibus terrae suae rex terras eorum possidebat, quousque parvi pueri facti milites per gratiam ipsius possessiones suas redibant» (p. 83).

Daher wird auch Arnulf III. von Flandern «licet satis juvenis» von König Philipp I. von Frankreich zum miles ordiniert (p. 29).

damit er gegen seinen Oheim Robert Friso mit·grösserem Nachdruck die Grafschaft Flandern behaupten könne.

Balduin II. von Hennegau wird erst von p. 51 an zugleich miles und comes genannt, während er vorher keinen dieser Titel erhält, und bis dahin stets seine Mutter und Vormünderin Richeldis bei allen Unternehmungen als Leiterin in den Vordergrund tritt; von nun an, wo Balduin II. als miles zugleich selbst die Regierung übernommen haben muss, wird Richeldis nicht mehr erwähnt. Damit stimmt auch durchaus überein, dass Gislebert seine chronologisch geordnete Geschichte Balduins V. gerade mit dem Ostertage des Jahres 1168 beginnt, an welchem derselbe die Schwertleite empfing, da hiedurch sein Anspruch auf die Nachfolge erst volle Begründung erhielt (cf. Wachter p. 13, Anm. 1 und Hantke p. 29).

Das Alter, in dem die Jünglinge wehrhaft gemacht zu werden pflegten, war etwa das 16. Lebensjahr. So sagt Gislebert, Gottfried, der zweite, aber damals älteste lebende Sohn Balduins IV. von Hennegau, sei gestorben, «cum annorum esset circiter 16 et instaret tempus militiae» (p. 70). Auch Balduin VI. und sein Bruder Philipp hatten bei ihrer Schwertleite etwa das gleiche Alter (p. 211 und 270). Dagegen wurden die Söhne Kaiser Friedrichs I. auffallend spät wehrhaft gemacht: es geschah ao. 1184 auf der Reichsversammlung zu Mainz, als also Heinrich (geb. 1165) 19, Friedrich (geb. 1166) 18 Jahre alt war (p. 143). Dagegen war wiederum Graf Arnulf III. von Flandern bei seiner Wehrhaftmachung, für welche freilich, wie erwähnt, besondere Gründe vorlagen, noch ein kleiner Knabe (p. 29).

Ich will im Anschluss hieran gleich noch einige Bemerkungen über die Schwertleite hinzufügen.

Die Schwertleite wurde in der Regel festlich begangen. Des Kaisers Söhne wurden auf einer der glänzendsten Reichsversammlungen, der zu Mainz 1184, zu milites ordiniert (p. 143).

Auch Balduins V. Schwertleite ward festlich begangen (p. 90).

Nicht immer war es der Vater, sofern dieser am Leben war, der die Söhne zu Rittern schlug. Je höher die Person gestellt war, die dieses that, um so grösser wahrscheinlich war die Ehre für den, der den Ritterschlag erhielt. So wurde Balduin VI. von König Heinrich VI. «de consensu patris» zum miles ordiniert (p. 211). Der jüngere Sohn Balduins V. ward dagegen von seinem Schwager, dem König Philipp II. August von Frankreich, zum miles gemacht (p. 270). Während es in diesen beiden Fällen «de consensu patris», geschehen war, sehen wir, dass Heinrich, der jüngste Sohn Balduins V. gegen seines Vaters Willen sich zum Ritter schlagen liess: «Henricus, domini comitis junior filius, miles fieri voluit, cuius voluntati pater in hoc contrarius erat. Ille autem a proposito nolens recedere, ad Rainaldum comitem de Danmartin et de Bolenio transivit (Juli 1104) qui eum honorifice in militem ordinavit» (p. 258).

Es galt zugleich als ein Zeichen der Freundschaft jemand zum miles zu ordinieren, wie Gislebert in folgendem durchklingen lässt: Albertus clericus, Leodiensis archidyaconus, Godefridi ducis Lovaniensis filius, relicto officio clericali, comitem Hanoniensem adiit, ut eum militem faceret. Quem comes Hanoniensis, licet pater illius et frater diutius exstitisset invisus, tamen eum honoris intuitu benigne suscepit et eum honorifice Valencenis militem ordinavit (p. 179).

Das miles sein, war keine unerlässliche Bedingung für die Theilnahme am Kriege. Von Heinrich, dem Sohn des Herzog Gottfried von Brabant, erwähnt Gislebert zwei Mal, dass er «necdum miles» am Kriege Theil nahm. Er ist es auch, der einmal gleichfalls «necdum miles» an einem Turnier sich betheiligte (cf. p. 128. 129. 130). Dass dies indess ungewöhnlich war, geht wohl daraus hervor, dass Gislebert an den genannten Stellen das «necdum miles» zu betonen nicht unterlässt (cf. auch Baltzer, Kw. p. 7). An den hier angeführten Stellen nennt Gislebert den jungen Heinrich übrigens nicht wie später «dux junior Lovaniensis». Diesen Titel erhält er erst als miles, als vollberechtigt zur Nachfolge im Herzogthum Brabant (cf. S. 18).

Auch heirathen that ein «necdum miles». Von Balduins IV. Sohn Gottfried, welcher starb, cum instaret tempus militiae (p. 70), hören wir (p. 83), dass er vermählt gewesen war.

Wer das ritterliche Leben aufgeben wollte, entsagte den Waffen. Bevor Albert von Loewen wieder in den geistlichen Stand zurücktrat, »officio militari abrenunciavit« (p. 184). Aber, wer die Waffen niederlegte, brauchte darum noch nicht dem weltlichen Leben überhaupt zu

entsagen und durfte sie wieder aufnehmen. So heisst es von Egidius,
comes de Duras, einem miles probus, dass, als er nach Gottes Rathschluss
aussätzig geworden war, er »abjectis armis militaribus, quae semper
dilexerat et frequentaverat«, seine Besitzungen seinen Brüdern übergab
bis auf ein Allod, das er für sich zurückbehielt. Als ihm jedoch der
junge Herzog von Loewen auch dieses entreissen wollte: »Egidius
quamvis gravi lepra detineretur, tamen arma resumpsit ad vindi-
candum scelus in cum perpetratum« (p. 211. 212). (cf. Waitz,
V. G. V., p. 400.)

Kapitel IV.
Die curiae.

Die Hofämter waren im Hennegau erblich. Ausdrücklich sagt
dies Gislebert (p. 32): Haec enim comitissa (Richeldis) cum Balduino
filio suo in curia sua officia hereditaria instituit, dapiferorum scilicet
et pincernarum, panitariorum et coquorum, camerariorum et hostia-
riorum. Dass die Hofämter in späterer Zeit erblich waren, giebt Waitz
(V. G. V., p. 328) zu. Von der von mir citirten Stelle Gisleberts
sagt er indessen (ib. Anm. 2.), »sie kann wohl für keine zuverlässige
Nachricht gelten«. Ich sehe nicht ein, warum nicht; nimmt doch Waitz
(a. a. O.) selbst bereits für den Anfang des 12. Jahrhunderts beispielsweise in Aschaffenburg erbliche Aemter an. Häufiger finden sich
indess Beispiele für die Erblichkeit derselben erst in der Staufischen
Zeit. (Waitz, V. G. VI., p. 262 und Anm. 2.) Jedenfalls geht
aus obiger Stelle hervor, dass die Hennegauer Hofämter zu Gisleberts
Zeit schon seit lange für erblich galten. Als Balduin V. zur Regierung kam (ao. 1171) heisst es von ihm auch »servientibus suis here-
ditariis officia sua hereditaria plenarie recognovit et restituit eosque
diligens ubique locorum constitutus libentius secum habebat« (p. 101)
(cf. auch Appendix I.: »Ministeria curiae Hanoniensis» in Arndts
Handausg. p. 294 ff.) Das Amt vererbte sich auch durch Frauen,
selbst Witwen weiter: Egidius de Sancto Oberto heirathete in zweiter
Ehe Mathilde de Berlainmont, »quae ex parte patris sui heredetaria

Berlainmont et summam Hanoniensis curiae camerariam tenuit«. Egidius selbst, der bereits summus Hanoniensis curiae dapifer war, wurde nun noch ex parte uxoris suae der summus camerarius Hanoniae (p. 66). Das Amt haftete eben am Lehn. So heisst es auch von demselben Egidius, dass er sein »castrum Businiis, quod construxerat et a nemine tenebat, ab ipso comite (scil. Balduin V.) in feodo accepit et . . . . illud feodo de Berlenmont et feodo camerariae summae Hanoniensis« zufügte. Letzteres Amt ging dann auf seinen gleichnamigen Sohn zweiter Ehe über, zugleich mit dem Lehn seiner Mutter (p. 107), während Gerard, sein Sohn aus erster Ehe, jedenfalls das Amt des summus dapifer erhielt.

Arnulfus vir nobilis de Landrast, der nach dem Tode des Egidius de Aunoit, des summus Hanoniae pincerna, dessen Witwe geheirathet hatte, wurde dadurch selbst summus pincerna (p. 101).

Da es einen »summus« dapifer, pincerna etc. gab, muss es natürlich auch niedriger gestellte Beamte dieser Kategorien gegeben haben, die gleichfalls das Amt erblich besassen: Egidius de Sancto Oberto dapes tamquam summus Hanoniae dapifer amministravit et cum eo milites et servientes, qui in officio illo jus hereditarium habebant (p. 101. Egidius noch einmal als summus dapifer erwähnt p. 109) und: Arnulfus vero vir nobilis de Landrast . . . . . vinum tamquam summus pincerna propinavit, et cum eo milites et servientes, qui in officio illo jus hereditarium habebant (p. 101).

Der summus dapifer Flandriae wird auch erwähnt (p. 107). Häufiger ist hier für dapifer die Bezeichnung senescalcus gebräuchlich, unter der Robert de Waurin später noch einmal genannt wird (p. 260). Zweimal wird Helinus de Waurin, Flandriae senescalcus genannt (p. 126, 151), jedenfalls der Vater des vorher Genannten. Also auch hier war dies Amt und folglich wohl alle anderen auch erblich. Ein »marescalcus« domini imperatoris wird p. 190 erwähnt.

Von geistlichen Beamten der Kanzlei nennt Gislebert folgende: einen sigillarius des Grafen von Flandern: »Gerardum clericum de Mescinis, sigillarium suum, Insulensem praepositum« (p. 141).

Sich selbst erwähnt er mehrfach als »notarius« des Grafen Balduin V. (p. 145, 178).

Aus der kaiserlichen Kanzlei werden erwähnt: (ao. 1184) Godefridus imperialis aulae cancellarius homo discretus et vividus qui postea
episcopatum Erbipolensen habuit et Radulfus, imperialis aule prothonotarius, postea Verdunensis in Saxonia factus episcopus (p. 145).
Später (ao. 1187/8) wird Johannes cancellarius genannt (p. 180, 206).
Dass der Kaiser Heinrich VI. das Kanzleramt auch verkaufte,
hören wir bei Gelegenheit des Lütticher Bisthumstreites: dominus
imperator cancellariam vendidit accepta nimia pecunia a Lothario
clerico, viro nobili, praeposito Bonnensi (p. 238).

Von »ministeriales imperii« nennt Gislebert mehrmals nur drei,
und zwar besonders hervorragende Ministerialen (cf. Toeche p. 507),
nämlich Werner von Bolanden, Kuno von Minzenberg und Friedrich
von Hansen. Wie begütert die beiden ersteren, jedenfalls bedeutenderen
Ministerialen waren, geht aus folgendem hervor: Wernerus de Bollanda,
ministerialis imperii, homo sapientissimus et castris 17 propriis et
villis multis ditatus et hominio 1100 militum honoratus; und »Cono
de Minsenberch, ministerialis imperii, qui dives et sapiens castra sua,
bona et militum hominia multa habebat« (p. 145 f.). (cf. Toeche p. 23;
Ficker, Hsch. p. 187.) Sie sitzen zusammen mit Fürsten im Rathe
des Königs (ib.), was für ihre politische Stellung zugleich sehr wichtig
war, und ersterer ist es, Werner von Bolanden, von dem Gislebert
sagt: »dum vixit, negotia comitis (scil. Hanoniensis) semper promovit«
(p. 146). Alle drei genannten Ministerialen werden neben geistlichen
und weltlichen Fürsten, drei Grafen und dem Kanzler als »homines
domini imperatoris judicatores« erwähnt (p. 180) und sie gehören auch
mit zu den Fürsten und Grossen des Reichs, unter deren testimonium
Balduin V. dem König Heinrich 1188 das ligium hominium leistet
(p. 206). (cf. Waitz, V. G. VIII. p. 18.)

Als »nuntii« bediente man sich meist Kleriker, aber auch »ge-
bildeter Laien«. Balduins V. »nuntius« war fast immer Gislebert, »sein
Kleriker«, wie er sich häufig nennt (z. B. p. 202). Mehrmals ist ihm
Gossuinus de Tulin beigegeben, der als miles discretus et facundus,
wie er genannt wird, einmal auch allein zum König von Frankreich
gesandt wird (p. 202). Einmal nennt Gislebert noch den abbas Vi-
coniensis, dessen Gelehrtheit hervorgehoben wird, mit sich zugleich

als Boten (p. 202). Als nuntii des Grafen von Flandern, die als Brautwerber nach Portugal geschickt wurden, werden „milites et abbates" genannt (p. 147). Selbst der Bischof von Toul findet sich als Gesandter des Grafen von der Champagne in der für diesen so wichtigen Namurer Erbangelegenheit am kaiserlichen Hofe (p. 204).

Für „Räthe" hat Gislebert ausser consiliarius, dem bei ihm üblichsten Ausdruck, auch noch die Bezeichnungen secretarius (p. 173, 185 zweimal, 192) und mehrfach familiaris. Es sind keine Beamten, aber diejenigen, die gewöhnlich und mit Vorliebe von Königen und Fürsten zu Rathe gezogen wurden, werden so bezeichnet (Waitz, V. G. VI p. 290 f.). Gislebert nennt sowohl nach dem Tode Balduins III., wie nach demjenigen Balduins V. die „consiliari" desselben. Im ersteren Fall werden sie zusammen mit dessen „filii" und „commilitones", ohne von diesen geschieden zu werden, aufgezählt; es sind im Ganzen nur 13 Namen (p. 80). Im letzteren Falle werden zuerst die consiliarii (6 Namen), dann die consiliarii et commilitones (10 Namen) und endlich die commilitones tantum et quandoque consiliarii (29 Namen) genannt (p. 289). Es sind „multi nobiles et quidam ministeriales praecipui" (ib.). Dass Gislebert hier keine Kleriker als consiliarii nennt, auch sich selbst nicht, dem dieser Titel mit bestem Rechte zugekommen sein würde, darf nicht auffallen, da er nur von „milites probissimi" sprechen will.

Kein Amt, sondern eine jedesmal besonders verliehene Ehre war es, dem Kaiser oder König das Schwert voranzutragen (Waitz, V. G. p. 267). In der grossen Reichsversammlung zu Mainz (ao. 1184) stritten mehrere Fürsten, die Herzoge von Böhmen, Oesterreich, Sachsen, der Pfalzgraf vom Rhein und der Landgraf von Thüringen, um die Ehre, das kaiserliche Schwert zu tragen. Der Kaiser aber verlieh dieselbe dem Grafen Balduin (V.) von Hennegau (p. 142). Am folgenden Tage ward Balduin V. eine neue Ehre: „cui (scil. imperatori) comes Hanoniensis in illo gyro famulans hastam suam ei portabat" (p. 143).

Ebenso auch in Frankreich: Graf Philipp von Flandern trug das königliche Schwert bei der Krönung Philipp Augusts zum Könige (p. 118); ebenso trug er es auch bei der Vermählung seiner Nichte mit dem jungen König von Frankreich (p. 121).

Dass der Kaiser und seine Umgebung Bestechungen zugänglich waren, erfahren wir mehrfach. So giebt Gislebert selbst als nuntius des Grafen am kaiserlichen Hofe „duas praebendas pro promotione domini sui negotii duobus in curia" (p. 205). Der Herzog von Brabant und seine Rathgeber versprachen dem König Heinrich VI. und der curia 500 Mark, wenn die bei Schwäbisch-Hall gefällte Entscheidung, die Balduin V. zum Reichsfürsten machte, aufgehoben würde: „unde dominum regem ad hoc induxerunt, quod ipse privilegium faciendum revocavit" (p. 224). Dass der Graf von Holland dem Kaiser 5000 Mark versprach, falls dieser ihn von dem Lehnseide gegen den Grafen von Flandern löste und ihn zum Reichsfürsten machte (p. 235), ist schon erwähnt. Ebensoviel versprach der Herzog von Brabant dem Kaiser, falls er ihm die terra de Alost gegen Balduin zuerkennen wollte (p. 235). In diesen beiden Fällen freilich wies der Kaiser die promissiones zurück.

Als es sich um die Nachfolge in Namur handelte und zwischen dem Grafen von der Champagne und Balduin V. deswegen offener Krieg ausgebrochen war, versprach ersterer (ao. 1180) dem Kaiser Friedrich I. und König Heinrich je 5000 und der Königin und der curia je 1000 Mark, „et ultra aliis curiae consiliariis circiter 1700 marchas", in dem Falle, „quod eorum gratiam super possessionibus comitis Namurcensis, et auxilium et vires contra comitem Hanoniensem haberet". Sollten sie jedoch nicht geneigt sein, ihm Hülfe gegen Balduin V. zu leisten, „saltem pro eorum gratia tantummodo habenda medietatem omnium quae nominata sunt promittebat". Er wurde indess abgewiesen und die Gesandten Balduins V. erlangten „per promissas 1550 marcas", in drei Raten zahlbar, die Gunst des Kaisers und des Königs (p. 204).

So oft Balduin V. aus der kaiserlichen Kurie heimkehrte, wurde er in Mons feierlich eingeholt (p. 208). Besonders feierlich war jedoch der Empfang Balduins in seinen Hauptstädten, nachdem er in den Reichsfürstenstand erhoben worden war (p. 225).

Die kaiserliche Kurie scheint auch damals für die geeignetste Schule für Fürstensöhne gegolten zu haben. Nach einer Zusammenkunft mit König Heinrich VI. entliess Balduin V. seinen ältesten Sohn gleichen Namens „cum domino rege ad discendam linguam Theutonicam et mores curiae" (p. 208).

Der gewöhnliche Termin für solche curiae waren die grossen Kirchenfeste (Waitz, V. G. VI. p. 322). Die Betheiligung war natürlich je nach der Macht desjenigen, der die Versammlung berufen hatte, und der Bedeutung der auf derselben bevorstehenden Verhandlungen verschieden. Von Balduin V. heisst es: „solempnitatem natalis Domini primo (ao. 1171) in Valencenis cum Margaretha uxore sua in gaudio celebravit, in qua curia fuerunt milites 500" (p. 101). Nicht so gross war die Theilnahme in einem folgenden Jahre: „eodem anno (1174) dominus comes Hanoniensis curiam suam in natali Domini hominibus suis majoribus indixit, ubi quam plures probos milites circiter 350 secum habuit" (p. 108 f.).

Angesagt musste solch eine Versammlung natürlich geraume Zeit vorher werden, zumal eine vom Kaiser berufene Reichsversammlung, wie z. B. die von Mainz, Pfingsten 1184, zu welcher freilich Balduin V. von Hennegau erst bei seiner Anwesenheit am Hofe im März desselben Jahres zu erscheinen aufgefordert wurde (p. 138).

Diese Versammlung zu Mainz, bedeutend dadurch, dass der junge König Heinrich die Schwertleite empfing und mit ihm sein jüngerer Bruder Friedrich, war eine der glänzendsten Reichsversammlungen aller Zeiten. Gislebert, der selbst zugegen war, ist eine Hauptquelle für dieselbe (cf. Toeche p. 30). Ich will hier daher näher auf seinen Bericht eingehen (p. 141—146).

Gislebert schätzt im Ganzen die Anzahl der anwesenden milites auf 70000, „exceptis clericis et cuiuscunque condicionis hominibus". Bei einigen Fürsten giebt er die Zahl ihres Gefolges näher an: der Herzog von Böhmen war mit 2000 Rittern erschienen, der Herzog von Oesterreich mit 500, der Herzog von Sachsen mit 700, der Pfalzgraf vom Rhein mit über 1000, desgleichen der Landgraf von Thüringen. Der Erzbischof von Mainz hatte 1000 milites, der von Köln 1700, der von Magdeburg 600, der Abt von Fulda 500 milites mit sich. Wie viele Graf Balduin V. von Hennegau bei sich hatte, giebt

Gislebert nicht an. Es muss aber auch eine recht stattliche Anzahl gewesen sein, wenn Gisleberts Worte einigermassen gerechtfertigt sind: ibi dominus comes Hanoniensis plura ceteris et pulchriora tentoria habuit. Ausserdem heisst es von Balduin: venit .... cum magno et honesto apparatu tam vasis argenteis multis quam ceteris sibi necessariis et cum servientibus honeste ordinatis. Dass solch ein Auftreten grosse Kosten verursachte, war natürlich. Dazu kamen noch Geschenke wie equi, vestes preciosae, aurum et argentum, welche die Fürsten und Edlen bei dergleichen Gelegenheiten und so auch in Mainz zur Verbreitung ihres Ruhmes möglichst freigebig zu vertheilen sich angelegen sein liessen (p. 143). Daher ist es auch erklärlich, wenn Gislebert an einer anderen Stelle es der Erwähnung für werth hält, dass Balduin V. ohne persönliche Veranlassung dennoch auf Bitten des Grafen von Flandern, „qui in gestamine gladii regalis jus reclamabat", mit 80 Rittern in Waffen zur Krönung des jungen Königs von Frankreich „in propriis expensis" erschienen sei (p. 118).

Von den probi et discreti viri, die als Begleiter Balduins V. in Mainz erschienen, werden nur 12 namentlich genannt (p. 141). Ausserdem aber heisst es „in eadem curia comes Hanonienses quamplures nobiles de terra de Lusceleborch secum habuit" (p. 142). Dass diese letzteren sich ihm anschlossen, vermehrte natürlich den Glanz seines Auftretens.

Etwas ähnliches finden wir noch einmal erwähnt: König Heinrich VI. bat den Grafen von Flandern, der nach Jerusalem sich begeben wollte, „ut in suo comitatu usque Romam incederet, ut per ipsum potentissimum comitem Flandriae vires domini regis majores viderentur; quod quidem comes Flandriae domino regi concessit" (p. 220).

In der feria secunda pentecostes (21. Mai 1184) fand die schon erwähnte Schwertleite der Söhne des Kaisers statt. Dann fand an diesem wie am folgenden Tage „post prandium" ein gyrum sine armis statt, „in quo gyro per extimationem fuerunt milites 20 milia et amplius" (p. 143). Später sollte noch ein Turnier in Ingelheim folgen, doch unterblieb dasselbe „de consilio principum" (p. 144). Einen Grund dafür giebt Gislebert weiter nicht an; fürchtete man vielleicht bei der so grossen Anzahl der Versammelten, dass Streitigkeiten ausbrechen könnten?

Eine andere curia fand Weihnachten 1188 in Worms Statt: auch Balduin V. begab sich zu derselben (p. 205 f.)

Aber weder an Zeit noch Ort waren solche Versammlungen gebunden (Waitz V. G. VI. p. 331). So sandte Balduin V. ao. 1187 „audiens quod dominus imperator Romanorum Fredericus eodem tempore mense Augusto, in assumptione beatae Mariae, apud Wormaciam principibus suis curiam indixisset“, seine Gesandten dorthin (p. 178).

Im August 1190 (cf. Toeche p. 164) fand eine Reichsversammlung zu Schwäbisch-Hall kurz vor dem Aufbruch König Heinrichs VI. nach Rom Statt. Hier wurde Balduin V. zum Reichsfürsten ernannt. Ueber die Zahl der hier Versammelten macht Gislebert, der selbst anwesend war, eine Angabe. Er sagt, der Herzog von Brabant habe dem König „residente in claustro monachorum magno et spacioso cum multis principibus et nobilibus et militibus circiter 4000“ den Lehnseid geleistet (p. 222).

Solche Versammlungen boten einem jeden die beste Gelegenheit seine Geschäfte zu erledigen und Angelegenheiten zu ordnen. Den Grafen Balduin V. sehen wir zu wiederholten Malen theils persönlich, theils durch Gesandte die Namurer Angelegenheit auf solchen Versammlungen zu fördern suchen (p. 146. 178. 222); der Graf von Flandern erbat durch seine „nuntii“ auf der Mainzer Versammlung vom König, vom Erzbischof von Mainz und anderen Unterstützung gegen den König von Frankreich (p. 146). Auch Grenz- und Besitzstreitigkeiten, Rechtsfragen u. dergl. m. konnten nirgends besser erledigt werden als auf einer Reichsversammlung (cf. p. 145. 222.)

Dieselben Zwecke wie die curiae im Allgemeinen hatten die „dies“ im Speciellen. Sie wurden zur Erledigung bestimmter Angelegenheiten, Streitigkeiten u. s. w. vom König den Betheiligten angesagt. So z. B.: dominus rex Romanorum Henricus pro bono comitis Hanoniensis comiti Namurcensi diem constituit apud Leodium, ut in octavis epyphaniae illic venturus inter eos facere pacem posset (p. 207) oder Kaiser Heinrich „et scolario (Cameracensi scil.) diem constituit in Theutoniam et per literas et per nuntium comitis Hanoniensis praeposito Leodiensi mandavit, ut in Theutoniam ad ipsum accederet“ (p. 231); es sollte hier die zwiespältige Lütticher Bischofswahl erledigt werden.

Ebenso setzte, als zwischen Balduin V. und Mathilde, der Witwe Philipps von Flandern, in Betreff der Erbschaft ein heftiger Streit ausgebrochen war, ihnen der Erzbischof Wilhelm von Rheims, „qui pro absentia regis Franciam procurabat" (p. 229) im October 1191 einen dies an (p. 233), auf welchem der Streit beigelegt wurde. In ähnlicher Weise ist noch mehrfach von dies die Rede (p. 171. 181. 202 und 203. 205. 215.). Konnte der Betreffende, dem der dies gesetzt war, nicht persönlich erscheinen, so war eine Vertretung gestattet. So sandte Balduin V., da es ihm nicht möglich war, „ad diem apud Aldeborch constitutum transire" Gossuin de Tulin und Gislebert ao. 1188 zum Kaiser und zum König (p. 203). Ebenso liess sich auf einem ihm und Balduin V. angesetzten Tage zu Pontoise der Graf von Champagne durch den Erzbischof von Rheims und den Grafen Theobald vertreten (p. 215).

Zu solchen Tagen scheint es das übliche gewesen zu sein, unbewaffnet zu erscheinen, das Gegentheil den Eindruck der Gewaltsamkeit gemacht zu haben, wie aus Gisleberts Angaben über den schon erwähnten Tag von Lüttich hervorgeht (p. 207).

Natürlich verlieh ein grosses, noch dazu bewaffnetes Gefolge den Worten und Wünschen des Betreffenden mehr Nachdruck. Daher sagt Gislebert auch von Kaiser Heinrich, dem in Aachen (Novbr. 1193) der von einem Theil des Lütticher Kapitels neuerwählte Symon als Bischof präsentirt wurde, „illuc insipienter cum paucis venerat". Denn Symons Beschützer und Gönner, illi duces (scil von Brabant und Limburg), qui in partibus illis vires magnas habebant, illuc cum multis ad ipsum accesserunt". Mit dadurch liess sich der Kaiser bewegen Symon mit den Regalien zu investieren (p. 254).

Die vor dem Kaiser oder Könige, sei es zu einer curia, einem dies, zu längerem Aufenthalte am Hof oder dergl. m. Erschienenen durften nicht ohne seine Erlaubniss heimkehren. (Waitz, V. G. VI., p. 347.)

Graf Balduin V. kehrte aus der Mainzer Versammlung am sechsten Tage „accepta a domino imperatore licentia" zurück (p. 146). Desgleichen heisst es von ihm, nachdem er (ao. 1188) in Seligenstadt vor Kaiser und König erschienen war, „inde comes accepta benignius licentia Namurcum venit" (p. 186).

Dem Bischof von Toul, dem Gesandten des Grafen von der Champagne wurde in Erfurt, jedoch wie es scheint, ohne seinen Wunsch, die „licentia recedendi" (ao. 1188) ertheilt (p. 204).

Auf dem mehrfach erwähnten Lütticher Tage heisst es von König Heinrich „comiti Namurcensi recedendi licentiam dedit". Dagegen führte er den jungen Herzog von Brabant und Balduin V. „ut saltem inter eos pacem faceret", mit sich zunächst nach Utrecht, dann nach Kaiserswerth (p. 207).

Als Balduin V. die Heimkehr seines ältesten Sohnes, der sich am kaiserlichen Hofe aufhielt, wünschte, da er sich selbst in einer bedrängten Lage befand, heisst es von diesem: „qui audito patris sui nuntio, accepta a domino rege Romanorum benigna licentia ad patrem suum redire festinavit" (p. 214). Dies geschah im Juli 1189. Es scheint, dass Balduin V. die Heimkehr seines Sohnes schon Ende Mai desselben Jahres, gleich nachdem derselbe vom Kaiser zum miles ordiniert worden war, gewünscht hatte, damals jedoch der König seine Erlaubniss, wie dies auch sonst vorkam (Waitz, V. G. VI., p. 347), verweigert hatte: „quemquidem factum militem dominus rex a se recedere non permisit, multa illi promittens et eum in curia prae ceteris nobilibus honorans" (p. 211).

Kapitel V.

Das Kriegswesen.

Ueber die Grösse der Heere macht Gislebert wiederholt Angaben:

Balduin V. kam „congregato exercitu 700 militum et 60 000 hominum armatorum" seinen Freunden (ao. 1178) gegen den König von Frankreich zu Hülfe (p. 115). Einige Jahre später (ao. 1181) unterstützte er gegen denselben König den Grafen von Flandern mit einem Heere von 400 milites und 60 000 homines tam equites quam pedites. Letzterer selbst hatte ein Heer aufgestellt, welches auf 1000 milites und 200 000 homines tam equites quam pedites geschätzt wurde (p. 125).

Der Erzbischof von Koeln unterstützte den Grafen von Flandern gegen Balduin V. (1184) „cum 1300 militibus et multis servientibus equitibus" (p. 154), der Herzog von Brabant „cum 400 militibus et 60000 hominum tam equitum quam peditum" (p. 155). Dieser, der Graf von Flandern, selbst war, nachdem er seine castra durch Besatzungen geschützt hatte, „cum militibus circiter 500 et cum hominibus equitibus loricatis circiter 1000 et cum hominibus peditibus bene armatis circiter 40" in das Gebiet Balduins V. eingefallen (p. 154). Ihnen gegenüber begnügte sich letzterer seine Burgen zu schützen (p. 155). Neue Streitigkeiten brachen im folgenden Jahre (ao. 1185) zwischen dem Grafen von Flandern und dem König von Frankreich aus. Letzterer führte ein Heer ins Feld, welches auf 2000 milites und 140000 tam equites quam pedites geschätzt wurde, während ersterer nur 400 milites und etwa 40000 homines tam equites quam pedites hatte (p. 162). Kein Wunder, fügt Gislebert hinzu, dass Graf Philipp „solito pauciores secum milites et alios homines" hatte, da er in seine Burgen und Städte hatte Besatzungen legen müssen, um sie sowohl gegen den König wie gegen den Grafen von Hennegau zu schützen (p. 163).

Im selben Jahre (1185) hatte der Herzog von Brabant den Grafen von Namur mit Krieg überzogen. Letzterem, seinem Oheim, kam Balduin mit 300 milites und etwa 30000 homines tam equites quam pedites zu Hilfe und fand denselben „cum 200 militibus et hominibus equitibus et peditibus circiter 10000" (p. 167). Als ao. 1188 dem Grafen Balduin der Verlust der Namurer Erbschaft drohte, griff er Namur an. Obwohl der grössere Theil seines Heeres noch nicht erschienen war, hatte er ein Heer von 300 milites und etwa 30000 homines equites et pedites, während der Graf von Namur über 240 milites und 20000 homines equites et pedites armati verfügte (p. 195).

Der Herzog von Brabant stellte ao. 1189 ein Heer von etwa 700 milites und 60,000 homines tam equites quam pedites auf gegen den Grafen von Loz und den Herzog von Limburg, die in St. Trouden „cum 300 militibus et totidem servientibus equitibus et hominibus peditibus circiter 20000" weilten (p. 213).

4

Als es galt, den zum Bischof von Lüttich erwählten Symon zu vertreiben, waren in jenem Kriege gegen Balduin V. (ao. 1194) „milites 400 et totidem clientes equites et pedites circiter 20000" ins Feld von den Verbündeten gestellt, während der Graf selbst milites 160 et clientes equites 200 et pedites circiter 10000 hatte (p. 261). Später wird die Heeresstärke Balduins in demselben Streite angegeben auf 500 milites et servientes equites totidem et pedites homines 40000 vel plures (p. 267).

Wo die servientes oder clientes oder homines equites von den pedites getrennt sind, sehen wir, dass ihre Anzahl derjenigen der milites gleich oder doch nahezu gleich (etwas grösser dann wohl) ist (cf. p. 213, 261, 267). Nur einmal wird die Zahl derselben als bedeutend grösser, als doppelt so gross angegeben als die der milites (p. 154). An letzter Stelle werden die pedites auf 40 angegeben. Es ist wohl kein Zweifel, dass es hier 40 milia heissen soll. Es ist dies ja dieselbe Zahl, die derselbe Graf von Flandern im folgenden Jahre gegen den König von Frankreich führt (cf. p. 162).

Die Anzahl der equites fällt derjenigen der pedites gegenüber also nicht ins Gewicht, und wo dieselben daher nicht geschieden werden, wird die nach vielen Tausenden zählende Masse der pedites durch das Hinzukommen der equites so gut wie garnicht geändert. Es ist ja überhaupt bei ihnen stets nur von einer ungefähren Schätzung die Rede. Das Verhältniss der milites zu den servientes, clientes oder homines ist, wie aus den angeführten Stellen hervorgeht, der Zahl nach übrigens ein ziemlich constantes, annähernd wie 1 : 100. Einmal ist das Verhältniss wie 1 : 200 (p. 125), zweimal wie 1 : 150 (p. 125 und 155) und zweimal wie 1 : 50 (p. 261 und 167).

Zum Belege dafür, dass die Zahl der servientes equites meist derjenigen der milites gleich war, will ich noch andere Stellen anführen, an denen nur von kleineren Truppenmassen und nicht von pedites die Rede ist.

Balduin V. kam seinem von den eigenen Lehnsleuten und seinen Nachbaren bedrängten Oheim, dem Grafen von Namur, ao. 1171 „cum 300 militibus et totidem servientibus equitibus" zu Hilfe (p. 97); im folgenden Jahre unterstützte er ihn mit „340 militibus et totidem servientibus equitibus lauricatis" (et 1500 clientibus peditibus electis) (p. 104).

Dem Grafen von Flandern eilte Balduin V. ao. 1181 zunächst mit „220 militibus et 100 servientibus equitibus loricatis" zu Hilfe gegen den König von Frankreich (p. 126), von denen jedoch „120 milites pro guerra diu duranda" heimgeschickt wurden, so dass der Graf nur „100 milites electos et totidem servientes equites loricatos" zurückbehielt (p. 126).

Der Sohn des Herzogs von Brabant kam ao. 1181 „cum 30 militibus et totidem servientibus equitibus" dem Grafen von Flandern in demselben Kampfe zu Hilfe (p. 128). Im folgenden Jahre (ao. 1182) führte ihm Balduin V. „80 milites und totidem equites servientes loricati" zu (p. 128), während der Sohn des Herzogs von Brabant „cum 40 militibus et totidem servientibus equitibus" (et 10 balistariis) herbeikam (p. 129).

Im Jahre 1187 endlich eilte Balduin zur Unterstützung des Königs von Frankreich gegen den König von England „cum 110 militibus electis et 80 servientibus equitibus loricatis" (p. 176).

Auffallend ist die fast durchweg so bedeutende Grösse der von Gislebert genannten Heere. „In den inneren Kriegen," sagt Waitz (V. G. VIII p. 139), „wo auch von 20—60000 Streitern die Rede ist, handelte es sich um ein allgemeines Aufgebot, um Schaaren von Bauern, die man in Bewegung setzte." Und so müssen auch wir uns diese so zahlreichen Heere bei Gislebert erklären. Wir finden sie ja auch nur da, wo Nachbaren mit einander in Streit geriethen. Sonst sind es fast durchweg nur die milites und servientes equites, mit denen man, zumal bei grösseren Entfernungen, dem Freunde zu Hülfe eilte. Da Gislebert die pedites einige Male „armati" nennt (p. 115, 154, 195), werden wir annehmen müssen, dass sie, wenn auch mangelhaft, so doch bewaffnet waren. Die „electi" pedites, die einmal und zwar in verhältnissmässig geringer Anzahl erwähnt werden (p. 104), waren jedenfalls besser bewaffnet.

Sehen wir also von den pedites ab, so bleibt noch immer eine Scheidung der Heere in zwei Theile, in milites einerseits, in servientes equites andrerseits (Baltzer, Kw. p. 10 f.). Beide Theile werden häufig

gemeinsam „loricati" genannt (p. 104, 126 zweimal, 128, 154, 176),
doch kann sich das „loricati" auch allein auf die servientes beziehen,
wie es p. 154 der Fall ist. An den erstgenannten fünf Stellen ist
von servientes equites des Hennegau die Rede, an letzterer Stelle von
homines equites Flanderns. Nach Baltzer (Kw. p. 55 f.) ist seit dem
11. und besonders 12. Jahrhundert „loricatus" das den Ritter recht
eigentlich bezeichnende Beiwort. Die nichtritterlichen Leute erscheinen
dagegen als Leichtbewaffnete. Als Beleg hierfür führt er auch die
erwähnten Stellen aus Gislebert an. Denn von den zahlreichen
Schaaren von servientes, die er nennt, bezeichne er nur fünf (die
p. 126 zweimal erwähnten servientes loricati beziehen sich auf dieselbe
Schaar) als aus loricati bestehend, was bei Gisleberts Genauigkeit nicht
Zufall sein könne; „diese servientes werden also in der Regel nicht
mit der lorica ausgerüstet, sondern leichtbewaffnet gewesen sein."
(Baltzer, Kw. p. 56 f.) Diese servientes equites sind Ministeriale
niederen Ranges, die berittenen Begleiter, Knappen der Ritter. „Sei
dem 11. Jahrhundert pflegte jeder schwergerüstete Ritter," sagt Wait
(V. G. VIII. p. 118), „einen oder mehrere solcher selbst berittene
Begleiter zu haben." Damit stimmt denn auch überein, dass wir
überall die Zahl der servientes equites derjenigen der milites entsprechend oder etwas grösser als letztere fanden.

Die bei einem Turnier genannten „armigeri et garciones" sind
gleichfalls solche Knappen (p. 102).

Als besondere Truppengattung werden mehrfach „balistarii" erwähnt (p. 129, 156, 158, 160), die besonders bei Belagerungen gebraucht wurden („ad defensionem necessarii", p. 156).

In Bezug auf die Streitrosse erwähnt Gislebert, dass sich das
Heer Balduins V., welches er ao. 1187 dem König von Frankreich
zuführte, dadurch, dass die Rosse fast aller milites und einer Anzahl
der servientes mit „ferreis cooperturis" geschmückt waren, auszeichnete
(p. 177; cf. Baltzer, Kw. p. 59).

Zuweilen werden übrigens nur milites allein genannt ohne die
üblichen Begleiter, die „servientes equites". So heisst es, König Philipp
von Frankreich habe, als er gegen den Grafen von Flandern (ao. 1181)
aufbrach, bei sich gehabt „Henricum juniorem regem Anglorum cum

600 militibus" (p. 127). Ferner (ao. 1184): „in cuius (scil. comitis Hanoniensis) auxilio fuit dominus Rogerus Laudunensis episcopus et ejus frater Raynaldus cum 80 electis militibus, Manasserus Retensis comes cum 140 militibus, . . . Radulfus de Cochy cum 50 militibus" (p. 150). Wahrscheinlich sind die servientes als sich von selbst verstehend hier fortgelassen (cf. auch p. 126).

Dass auch Bischöfe zu Felde zogen, fanden wir ausser in der zuletzt angeführten Stelle, wo der Bischof Roger von Lâon genannt ist, auch in der bereits oben (S. 48) citirten Stelle (p. 154) erwähnt, in der vom Erzbischof von Koeln die Rede ist. (cf. Waitz, V. G. VIII., p. 176 f.). Von den „auxiliatores" scheidet Gislebert die stipendiarii oder suldarii. Da gerade in Lothringen der Solddienst wie in Frankreich weitere Verbreitung gefunden hat (Waitz, V. G. VIII. p. 164), ist es nicht auffallend, wenn es von Richeldis heisst, sie habe den Hennegau vom Bischof von Lüttich zu Lehn genommen, „ut accepta ab eo pecunia stipendiarios proinde conduceret" (p. 33) und dass sie dann auch wirklich „de accepta ab episcopo Leodiensi pecunia coadjutores et stipendiarios multarum regionum" anwarb (p. 36).

In dem Heere Balduins IV., mit dem er dem Grafen von Namur zu Hülfe geeilt war, waren „700 milites in armis", welche alle „de terra Hanoniensi" waren mit Ausnahme zweier suldarii (p. 95). Ao. 1184 heisst es, Balduin V., „omnes amicos suos ad auxilium suum invitavit et quotcumque potuit milites probos stipendiarios adunavit" (p. 148). Unter der Besatzung des castrum Bincium werden. „300 stipendiarii milites" genannt (p. 156).

Die Dienste der stipendiarii wurden von Balduin V. „honorifice" belohnt (p. 151); ebenso heisst es von ihm: „stipendiariisque suis universis, tam militibus quam clientibus equitibus et peditibus et balistariis servicia sua honorifice et gratissime remuneravit" (p. 160). Und wie die stipendiarii ihre Belohnungen erhielten, so sehen wir auch, dass die auxiliatores oder coadjutores meistens entweder auch belohnt oder doch wenigstens schadlos gehalten wurden (z. B. p. 160).

So war der Sohn des Herzogs von Loewen, der den Grafen von Flandern unterstützte, in dem Heere desselben, „in propriis expensis comitis Flandrensis" (p. 128. 129).

Aber letzteres war nicht immer der Fall; die coadjutores erschienen auch und blieben „in suis propriis expensis", wie wir dies vom Grafen Balduin V. mehrfach hören, und was kein geringes Opfer seitens desjenigen, der Hülfe leistete, war. Balduin V. kam seinem Oheim, dem Grafen von Namur, ao. 1171, „in propriis expensis" zu Hilfe (p. 97), desgleichen ao. 1181 dem Grafen von Flandern (p. 126) und ao. 1187 dem König von Frankreich (p. 176).

Die Höhe solcher expensae theilt Gislebert zwei Mal mit: „mora comitis Hanoniensis eundo ad guerram et ibi morando et inde redeundo spatium quinque septimanarum continuit; expensa autem comitis Hanoniensis fuit in 1850 marcis argenti magno pondo" (p. 128); und: „comes Hanoniensis, qui in propriis expensis eundo ad guerram et ibi morando et redeundo sex ebdomadas compleverat, ad propria rediit. Comitis autem Hanoniensis expensa fuit in 1600 marcis argenti magno pondo" (p. 129). Ist es gestattet, hienach eine Berechnung zu wagen, so würden im letzteren Falle, da der Graf 80 milites mit sich geführt hatte, die Ausgaben für 1 miles pro Woche $3^{1}/_{3}$ Mark betragen haben. Nicht so einfach ist die Berechnung im ersteren Falle. Balduin V. hatte zunächst 220 milites mitgeführt, von denen jedoch 120 wieder heimgesandt wurden, so dass also nur 100 übrig blieben. Nach obiger Rechnung hätten für diese 100 milites in 5 Wochen, wie lange sie ja unterwegs waren, die Ausgaben 1665 Mark betragen. Es bleiben danach also noch etwa 185 Mark übrig, welche auf die 120 bald zurückgesandten milites zu vertheilen wären. Ungefähr also würde diese Berechnung auch hier stimmen. Bei der Heimsendung dieser eben erwähnten 120 milites betont Gislebert, dass dieselbe „per voluntatem comitis Flandriae", welchen Balduin V. unterstützte, geschehen sei (p. 126). Wer einmal im Heere erschienen war, durfte dasselbe nicht ohne Erlaubniss des obersten Kriegsherrn verlassen. War ein Vertrag oder Frieden geschlossen, so ertheilte letzterer ausdrücklich die „licentia recedendi" (cf. p. 151. 160).

Dagegen erwähnt Gislebert ein Mal, dass, als bei der Belagerung von Nivelle (ao. 1194) während der Nacht ein äusserst heftiger Regen fiel, der bei weitem grösste Theil des Heeres des Königs von Frank-

reich und des Grafen von Hennegau „non accepta licentia" sich ent-
fernte (p. 257). Man wunderte sich indess allgemein höchlichst
darüber, aber von einer Bestrafung der Abgezogenen war keine Rede,
konnte freilich wohl auch nicht sein, da eben reichlich $^6/_7$ des Heeres
sich des Vergehens schuldig gemacht hatte.

Ich will nun zunächst des Verhältnisses der „commilitones"
gedenken, von dem Gislebert häufig spricht. So erzählt er, Balduin V. habe, „Carun militem magnum etc., qui a comite Flandriae
pro quadam discordia recesserat", als „commilitonem" aufgenommen
und ihm „600 libras in feodo ligio" gegeben. Auch Hugo de
Antun, einen damals armen miles, habe er als Commilitonen zurück-
behalten und ihm „villam, quam in vadio ab ejus antecessoribus
habuerat, liberam" zurückgegeben. In derselben Weise, nämlich indem
er ihnen Lehen ertheilt, erwirbt er sich noch 7 andere commilitones,
darunter „quosdam (nämlich drei) milites de regno Francorum probos
magnique nominis" (p. 157).

Und wie es in diesem Falle ausführlich mitgetheilt wird, sagt
Gislebert allgemein von Balduin V., nachdem er miles geworden war:
„ipse autem Balduinus miles novus tornamenta ubique perquirens,
quoscumque poterat milites probos magnique nominis sibi socios et
commilitones adjungebat" (p. 92). Ebenso heisst es von dem jüngeren
König Heinrich von England: „qui quoscumque milites probos unde-
cunque sibi commilitones retinebat" (p. 82).

Ich erwähnte bereits, dass Gislebert nach dem Tode Balduins III. und V. die commilitones und consiliarii derselben erwähnt (p. 80 und 289 cf. S. 42). Im letzteren Falle werden im
Ganzen 39 commilitones angeführt, unter ihnen auch die bereits Genannten (p. 157).

Solche Commilitonen hatten aber nicht nur Fürsten und Grafen,
sondern auch ein einfacher miles konnte sie haben. So heisst es von
Egidius de Sancto Oberto, einem „miles probitate et nomine prae-
clarus": „signum crucis Domini sibi assumpsit et cum eo Gerardus
filius ejus multique probi milites, Egidii commilitones" (p. 107). Es
sind eben die commilitones solche milites, die zu demjenigen, als dessen
commilitones sie bezeichnet werden, in gleichem Dienstverhältniss

standen (cf. Waitz, V. G. V., p. 346 A. 4). Sie sind besser gestellte
Ministerialen (ib.). — Die Gegenden, welche von ritterlichen Schaaren und Heeren,
auch wenn diese nicht in feindlicher Absicht erschienen, durchzogen
wurden, hatten schwer darunter zu leiden (cf. Baltzer, Kw. p. 72).
Daher verweigerte Balduin V. ao. 1185 auch den Truppen König
Heinrichs VI. den Durchzug durch sein Gebiet, „cum in hoc vastatio
terrae suae immineret" (p. 170).
Raub und Plünderung waren natürlich namentlich bei Einnahme
von Städten nicht zu verhindern. So gelang es Balduin V. nach der
Einnahme von Namur ao. 1188 nicht die Bewohner, obwohl er es
gerne wollte, davor zu schützen, denn „in tali casu homines a rapina
nequaquam possunt coerceri" (p. 195).
Die Truppen wurden bisweilen auch in Ortschaften einquartiert
(cf. Baltzer, Kw. p. 91). So wurde Balduin V. mit etwa 100 milites
„in castro Rogesmont" trotz des Verbots des Grafen von Nevers aufgenommen (p. 102 n. b. hier ist die Rede von einem Turnier);
ao. 1181 wurde ihm vom Grafen von Flandern, dem er zu Hilfe
eilte, die „villa Feniz, vino, frumento, avena et ceteris pabulis referta"
eingeräumt (p. 127); im folgenden Jahre, als der Kampf fortgesetzt
wurde: „cum 80 militibus et totidem servientibus equitibus loricatis . . .
in villa, quae Faveroles dicitur, ... hospitatus est" (p. 128). Im
Jahre 1195 wurde ein Heer von 500 Rittern und über 40 000 pedites im Hoyum einquartiert. Dies sei „apte et absque villae grava-
mine vel alicuius clamore" geschehen, fügt Gislebert hinzu: „nihil
enim rapiebant alicui neminique molestiam inferebant" (p. 267). Doch
darf man es mit diesen Worten wohl nicht zu genau nehmen; eine
harte Last musste ein so gewaltiges Heer (denn Gislebert sagt ausdrücklich „omnes in Hoyo hospitati sunt") für die Bewohner der Stadt
immer sein. Und wenn der König von Frankreich ao. 1185 mit
einem Heere von über 140 000 Mann sich drei Wochen lang in und
um Bonay bei Amiens aufhielt, während auf dem anderen Ufer der
Somme der Graf von Flandern mit 40 000 Mann lagerte, so musste
dadurch jene Gegend schwer heimgesucht und ausgesogen werden
(p. 162).

In welcher Weise der für die Heere nöthige Unterhalt herbei-
geschafft wurde, sagt Gislebert nicht. In Lothringen und den
rheinischen Gebieten war es üblich, die Verpflegung der Heere durch
Märkte zu beschaffen, deren Abhaltung man mit den Landesein-
wohnern verabredete (Baltzer, Kw. p. 75 f.). Als Beleg für diese
hier herrschende Sitte, führt Baltzer (Kw. p. 76 Anm. 45) auch einen
Passus aus dem 1070 mit dem Bischof von Lüttich geschlossenen
Vertrage an: „Der Bischof bedingt sich, dass, wenn er dem Grafen
zuzieht, comes ei debet facere haberi forum victualium justum" (p. 35).
Weiter heisst es dann aber auch: „si in campis herba pateat, vel alia
victualia pateant equis necessaria, episcopus cum suis ea ad voluntatem suam accipere potest" (ib.). Futter für die Pferde ward allgemein nicht mitgeführt, sondern unterwegs genommen, wo man es
eben fand (Baltzer, Kw. p. 66).

Zu offener Feldschlacht scheint es in jener Zeit selten gekommen
zu sein. Man war bemüht, eine solche noch rechtzeitig zu verhindern.
Als der König von Frankreich mit dem König von England im
Streite lag, schien es wirklich zur Schlacht kommen zu sollen. Da
wurde indess noch in letzter Stunde „viris religiosis mediantibus"
ein Waffenstillstand geschlossen (p. 176 f.).

Ganz ähnlich war es bei einer früheren Gelegenheit gegangen
(ao. 1181). Der Graf von Flandern lag im Streit mit dem König
von Frankreich und „utrimque per duos dies ad bellum armati fuerunt".
Indess: „Deo volente ad bellum nequaquam pervenerunt" (p. 127).

In beiden Fällen hatte man sich bereits über das „primum bellum"
geeinigt. Im letzteren Falle ward es ohne weiteres vom Grafen von
Flandern seinem Verbündeten und Schwager, dem Grafen Balduin V.,
übertragen (p. 127). Im ersteren Falle dagegen stritt man um die
Ehre des „Vorstreits" (cf. Baltzer, Kw. p. 104 f.) im Lager des Königs
von Frankreich. Da dieselbe sowohl der Graf von Flandern wie der
Graf von der Champagne für sich als sein Recht beanspruchte, übertrug der König „de consilio principum suorum" das „primum bellum"
an Balduin V. (p. 176 f.).

Wirklich zu einem Gefecht („conflictus, qui vulgariter pognis
dicitur") kam es ao. 1184 zwischen den Leuten Balduins V. und des

Herzogs von Brabant. Man kämpfte zu Pferde (cf. Baltzer, Kw. p. 99),
und zwar sowohl die milites wie die servientes equites Balduins V.
machten den Angriff. Aber es geschah ohne Ordnung („non ordine,
qui primus ad illos veniebat, primus feriebat"). Die Verluste betrugen
„in parte comitis Hanoniensis 80 equi, in parte ducis 340" (p. 151;
cf. Baltzer, Kw. p. 101).

Von einem kleineren Gefechte (gleichfalls „conflictus, qui pognis
dicitur") ist ao. 1189 die Rede (p. 215). Zum dritten Male erwähnt
Gislebert ao. 1194 eine Schlacht („bellum") zwischen Balduin V. und
dem Herzog von Limburg. Balduin siegte und nahm die beiden
Herzoge von Limburg, Vater und Sohn, und ausser ihnen noch 108
milites gefangen (p. 260).

Nähere Angaben über eine Gefechtsordnung giebt Gislebert nicht.
Baltzer (Kw. p. 110) führt eine Notiz aus der Chronik an, „aus der
man schliessen kann, dass eine irgend beträchtliche Truppe eine Front-
breite von mindestens 100 Mann brauchte" (p. 111).

Von Fahne oder Banner ist nur einmal die Rede: Balduin V..
der vom Grafen von Flandern das primum bellum übertragen erhalten
hatte, „vexillum suum, quod baneria dicitur, cuidam commilitoni et
fideli suo Hugoni de Croiz, militi forti et magno, animoso ac sapienti,
gerendum commisit" (p. 127). Balduin trug also in der Schlacht nicht
selbst das Banner, aber es scheint auch nicht im Hennegau ein be-
sonderes Amt eines Bannerträgers gegeben zu haben (p. 294 f. „ministeria curiae Hanoniensis"), vielmehr jedesmal eine geeignet erschei-
nende Persönlichkeit mit der Führung des Banners, sei es für eine
Schlacht oder einen ganzen Feldzug, ausdrücklich betraut worden zu
sein (cf. Baltzer, Kw. p. 112 f.).

Der Krieg wurde hauptsächlich als Belagerungskrieg geführt.
Ehe man mit seinem Heere auszog, wurden beiderseits die Burgen
und Städte durch Besatzungen gesichert (p. 154, 155, 163, 167). Die
eingenommenen Städte wurden verbrannt, die Befestigungen zerstört,
das Land überhaupt verheert und versengt. Von verheertem Lande,
zerstörten Burgen und verbrannten Städten ist überall fast die Rede,
wo Gislebert vom Kriege spricht. Ein Beispiel möge genügen: Als
Balduin V. gegen seinen ungetreuen Lehnsmann Jacob von Avesnes

zu Felde gezogen war, heisst es: „terram Jacobi de Avethnis, praedis multis factis igneque apposito in majori et meliori parte vastavit; in qua vastatione villas circiter 100 succendit" (p. 163). Auch die Klöster wurden nicht geschont (p. 167). Wieviel Mühe übrigens die Einnahme eines „monasterium" machen konnte, beweist die Belagerung des monasterium Floreffiense: erst nach 7 Wochen, „cum ad comburenda ligna, quae murum sustentabant, ignem parasset" (scil. Balduin V.) ward es von den Vertheidigern übergeben (p. 217). Die Befestigungen bestanden vorzüglich in „muri", „turres", „fossati", „tesdudines".

Eine Anzahl von Befestigungen, durch Balduin IV. ausgeführt, theilt Gislebert mit (p. 74, 75); mehrfach fügt er auch hinzu, dass der Sohn, Balduin V., die Befestigungen vollendet oder verbessert habe, und macht auch von diesem eine Reihe der vollführten Befestigungen ausdrücklich namhaft (p. 166).

In Kriegsfällen gehörte noch verschiedenes zur „Befestigung" einer villa oder eines castrum. So z. B. „Tubisam firmitatem occupavit et eam hominibus et armis et victualibus munivit et novis fossatis et berefectis informavit" (p. 130); oder: „Valencenas fossato firmari in ipsa guerra faciebat et illam multis militibus cum ipsius villae hominibus munivit" (p. 155). Hier wurden also auch die Einwohner der Stadt zur Vertheidigung herangezogen, was auch noch sonst vorkommt, so: „ibique (in burgo, quod Gembluez dicitur) meliores et fortiores burgenses et servientes et aliquot milites ad defensandum posuit" (p. 167).

Für die bisweilen bedeutende Grösse solcher befestigter Ortschaften zeugen mehrere Stellen. Dass in Hoyum über 40000 Mann aufgenommen wurden, erwähnte ich schon (p. 267). Der Herzog von Brabant belagerte ao. 1189 „Sanctum Trudonem, comite de Loz in ea cum duce de Lemborch manente cum 300 militibus et totidem servientibus equitibus et hominibus peditibus circiter 20000, exceptis ipsius villae hominibus" (p. 213), und der Graf von Namur hatte ao. 1188 in Namur 20000 Bewaffnete, die sich jedoch, von Balduin V. belagert, ergeben mussten (p. 195).

Für die gewöhnliche Grösse der Besatzungen sind folgende Stellen bezeichnend: unter der grossen Anzahl von Städten und Burgen, welche bei dem vom Grafen von Flandern und Herzog von Brabant drohenden Kriege im Hennegau Besatzungen erhielten, wird bei zweien die Grösse derselben angegeben: „Bincium eciam militibus et servientibus equitibus et peditibus de Hasbanio circiter 2000 et 300 stipendiariis munivit", und „castrum Montense, quod parvo et basso muro circumdatum erat . . . 140 militibus (die Zahl der servientes ist hier nicht genannt) et balistariis ad defensionem necessariis munivit" (p. 156). Von Kriegsmaschinen, welche bei Belagerungen in Anwendung kommen, nennt Gislebert folgende: berefectus (p. 130) manghenellus, oder manghenellus arcus (p. 197, 217, 268), petraria (p. 197, 217, 234, 268). Ausserdem wird einmal erwähnt, dass einer von den Leuten des Herzogs von Limburg bei der Belagerung des „domus de Novilla" „a balista cecidit" (p. 261).

In Betreff der Gefangenen hören wir einmal, dass sie gegen das Versprechen, in dem betreffenden Kriege nicht wieder kämpfen zu wollen, freigelassen wurden (p. 195). Uebrigens hielten sie nicht ihr Wort (p. 197).

Als Balduin V. Symon, den electus Leodiensis, zu vertreiben bemüht war, gelang es ihm, dessen Vater und Bruder gefangen zu nehmen (p. 260). Sie wurden bis zum Friedensschlusse in Gewahrsam gehalten und erhielten dann gegen Stellung von Geiseln ihre Freiheit zurück. Letztere sollten freigelassen werden, wenn der rechtmässig erwählte Bischof von Lüttich „se obsidem apud dominum comitem constitueret pro pace tenenda" (p. 261). Die von jenen gestellten Geiseln waren ein Sohn und ein Enkel des alten Herzogs (p. 262).

Von Waffenstillständen und Friedensschlüssen ist in der Chronik häufig die Rede. Besonders die kirchlichen Feste waren es, für deren Dauer wiederholt Waffenstillstände geschlossen worden sind, wie es den Bestimmungen des Landfriedens entsprach. (cf. Waitz, V. G. VI p. 433.)

So wurden ao. 1181 „adveniente Sancta Domini nativitate induciae usque ad octavam epyphaniae" zwischen dem König von Frankreich und dem Grafen von Flandern geschlossen (p. 128). Nach Ablauf dieser Zeit folgt die Fortsetzung des Krieges: „post octavam vero epyphaniae eodem tempore et anno (Gislebert rechnet Ostern als den Jahresanfang) iterum ad guerram . . . reversi sunt." (ib.) Dann wird „advenienti tempore quadragesimali, firmatis utrimque treugis" ect. der Friede geschlossen (p. 129).

Ao. 1182 geschah es, nachdem „circa adventum Domini" die Heere versammelt waren, dass der Graf von Flandern Balduin V. durch Bitten und Schmeicheleien bewog, „quod inducias firmandi et treugas guerrae duci concessit usque ad octavas epiphaniae sequentis' (p. 132). „In octavis autem epiphaniae congregatis in Montibus multis militibus cum armis", sollte der Krieg fortgesetzt werden. Da setzte jedoch Philipp von Flandern, „videns nimias comitis Hanoniensis contra ducem Lovaniensem vires", durch, dass wiederum treugae zwischen jenen geschlossen wurden und zwar „usque ad reditum ducis Godefridi a Iherosolimis, qui tunc cruce signatus erat" (p. 133).

Der Vertrag wurde eingehalten und erst, als Herzog Gotfried aus Palaestina zurückgekehrt war (Aug. 1184), wurde der alte Kampf fortgesetzt (p. 148). Es kam jedoch bald zu einem neuen Vertrage: „treugae usque ad duos annos fuerunt firmatae, sed a duce nunquam observatae" (p. 151). Noch im selben Jahre erneuerten der Herzog von Brabant und sein Sohn „ruptis treugis praedictis, quas cum comite Hanoniensi firmaverant" den Krieg und unterstützten den Grafen von Flandern gegen Balduin eine Zeit lang. Dass sie den Vertrag nicht vorher aufgesagt hatten (non eis [-treugis] renunciantes), wird ihnen besonders zum Vorwurf gemacht (p. 155), (cf. p. 160).

Der Krieg zwischen Philipp von Flandern und Balduin hatte vom Feste aller Heiligen bis zum zwölften Tage vor dem Geburtstage des Herrn gewährt (1184): „tunc autem per quosdam mediatores inter comitem Flandriae et comitem Hanoniensem treugae concessae usque ad octavas epyphaniae fuerunt firmatae" (p. 160). Als dieser Termin herangekommen war, wurde der Waffenstillstand, dem sich auch der König von Frankreich anschloss, verlängert „usque ad proximum instans Sancti Johannis festum" (p. 161).

Ao. 1194 wurde zwischen Balduin V. und dem Herzog von Brabant und dessen Helfern ein Waffenstillstand geschlossen „usque post pascha 15 diebus" (p. 257), welcher dann verlängert wurde: „treugae inter eos usque in assumptione Mariae firmatae fuerunt" (p. 258).

In dem Bericht über die Vertreibung Symons wird ein Waffenstillstand während der Weihnachtszeit (1194/95) zwar nicht erwähnt, indessen, dass ein solcher Statt gehabt, geht auch aus folgender Bemerkung Gisleberts hervor: „ipse comes (Balduin V.) congregatu undique exercitu, tam a Hanonia quam a terra Namurci, obsidionem castro firmavit post octavas epiphaniae" (p. 267). Er hatte also jedenfalls, denn vorher ist bereits von anderen kriegerischen Erfolgen Balduins die Rede gewesen, vor Weihnachten in Folge des hier üblichen Landfriedens sein Heer entlassen, denn sonst brauchte er es „post octavas epyphaniae" nicht noch zu sammeln.

Für die Dauer eines Kreuzzuges erwähnt Gislebert noch einmal treugae. Nachdem die Namen derer, die das Kreuz nahmen, genannt sind, heisst es: „super discordiis suis usque post reditum suum a Iherosolimis treugae inter se ordinari et firmari fecerunt. Quaequidem induciae non satis fuerunt observatae" (p. 184).

Bei Abschluss solcher Waffenstillstands- und Friedensverträge wurden von jeder Seite diejenigen auxiliatores genannt, die mit dieses Friedens theilhaftig werden sollten, resp. besonders erklärt, wenn bisherige Theilnehmer einer Partei von dem Frieden ausgeschlossen sein sollten.

So: quisque autem suos auxiliatores ibidem nominavit, ut illi in treugis securius manerent (p. 146);

in quibus treugis comes Flandriae ducem Lovaniensem et Jacobum de Avethnis posuit (p. 160);

zwischen Balduin V. und dem Herzog von Brabant war ao. 1194 Friede geschlossen: Theodericus autem de Beverna extra pacem ducis remansit; Rogerus vero de Warcoin cum domino comite pacem antea fecerat, relicto Theoderico (p. 261);

auch König Heinrich VI. brachte zwischen Balduin V. und dem Herzog von Brabant ao. 1189 einen Frieden zu Stande „excluso inde comite Namurcensi" (p. 207).

Die Verträge wurden häufig nicht gehalten (p. 155. 184. 205. 208. 211.). Berechtigt sind daher Gisleberts Worte, Balduin V. habe soviele Befestigungen u. s. w. errichtet, „quia in paucorum promissis vel debits fidem sanam invenerat" (p. 167).

Den Frieden zu vermitteln, waren stets angesehene Leute bemüht; es galt als ein frommes Werk: „viris autem religiosis medianribus treugae firmatae fuerunt" (p. 177) und „Deo volente ad bellum nequaquam pervenerunt" (p. 127). In beiden Fällen geschah die Vermittlung wohl durch Geistliche.

Der Graf von Flandern war bemüht, zwischen Balduin V. und dem Herzog von Loewen zu vermitteln (p. 132. 133), der König von Frankreich zwischen Balduin V. und dem Grafen von der Champagne (p. 215), der Graf von Flandern zwischen Balduin V. und dem Herzog von Brabant (p. 215. 216), der Erzbischof von Koeln zwischen Balduin V. und dem Grafen von Namur (p. 218). Auch König Heinrich suchte mehrfach die Parteien zu versöhnen, so z. B. ao. 1189 Balduin V., den Herzog von Brabant und den Grafen von Namur (p. 207). Nur zwischen den beiden ersteren brachte er einen Vertrag zu Stande, für den er sich selbst zum Bürgen setzte. Drei Exemplare desselben wurden angefertigt, deren jeder eines mit den Siegeln der beiden anderen versehen erhielt (p. 208). Trotzdem ward indess auch dieser Vertrag gebrochen (p. 209).

Im Anschluss an diese Bemerkungen über das Kriegswesen will ich hier sogleich einiges über die Turniere hinzufügen.

Die Turniere spielten in dem Leben und Treiben der Grossen jener Gegenden, von denen Gislebert vorzugsweise handelt, eine grosse Rolle. In Lothringen, wo französischer Einfluss am raschesten und stärksten wirkte, wurden die Turniere auch früher heimisch als im übrigen Deutschland. (Baltzer, Kw. p. 11.) Im Laufe des 11. Jahrhunderts erhielten sie zuerst in Frankreich eine bestimmtere Ordnung und zugleich den Charakter wirklicher Wettkämpfe, ja ernstlicher Waffengänge. (Waitz, V. G. V. p. 401.) Und ernst genug ging es oft genug, wie wir sehen werden, in den von Gislebert erwähnten Turnieren zu.

Von dem eigentlichen Turnier unterscheidet Gislebert zunächst noch das gyrum, welches ein ungefährlicheres ritterliches Spiel gewesen zu sein scheint. Das gyrum, welches auf der Mainzer Versammlung am zweiten und dritten Tage Statt fand, war „sine armis": „in scutis etenim gerendis et hastis et baneriis et cursu equorum absque ictibus delectabantur milites" (p. 143).

Die Turniere aber waren ernsterer Art und forderten manches Menschenleben als Opfer.

So heisst es z. B. „ipse Balduinus (IV.) cum multis militibus, quibus tunc temporis Hanonia florebat, Trajecti torniavit, secunda feria post octavam paschae, ubi probissimus miles, Walterus de Honecort occisus fuit" (p. 91).

Um bekannt zu werden und Verbindungen anzuknüpfen, suchten die „novi milites" gern die Turniere überall auf. So, wie schon erwähnt, Balduin V., nachdem er miles geworden war (p. 92). Seitdem ist bei Gislebert fast Jahr für Jahr von Turnieren die Rede, an denen Balduin V. Theil nahm, so lange nicht ernstere Verhältnisse ihn davon abhielten.

„Contigit inter cetera tornamenta, quae Balduinus (V.) perquirebat" leitet Gislebert den Bericht über ein Turnier in Flandern ao. 1168 ein (p. 92). Zu demselben hatte Graf Philipp „quosdam Francos contra se" eingeladen. Es fand „inter Gornai et Rissuns" Statt. An den hier abgehaltenen Turnieren war es üblich, dass die milites Hanonienses auf Seiten der flandrischen Ritter kämpften. Balduin jedoch, der gehört hatte, dass Philipp mit grosser Macht erscheinen würde, schloss sich, zumal er „rancorem contra comitem Flandriae et suos" hatte, der Partei der „Franci qui ibi pauci erant" an, „comitique Flandrensi et ejus magnis viribus viriliter restitit. Comes autem Flandriae, nimia accensus ira, cum hominibus suis tam equitibus quam peditibus quasi ad bellum ordinatis gravius Francis et Hanoniensibus occurrere cepit." In diesem Turnier soll Philipp gefangen, aber „permissione cuiusdam probi militis" entkommen sein. Der Sieg ward daher Balduin und den Franci zugeschrieben (p. 92 f.).

Im August 1170 wurde bei Trasiniae ein Turnier proklamiert. Auch Balduin begab sich „torniandi causa" dahin. Da er aber mit dem Herzog von Brabant verfeindet war, führte er etwa 3000 servientes pedites mit sich „ut in tornamento securior esset". Dieser aber erschien „cum multis militibus quoscunque habere potuit et cum exercitu hominum armatorum circiter 30 000 quasi ad bellum." Als Balduin und die Seinen diese ungeheure Masse erblickten, wären sie schnell zurückgeeilt, wenn es noch möglich gewesen wäre. In dieser höchsten Gefahr sprang Balduin vom Ross, um zu Fuss zu kämpfen und die Seinigen „tam equites quam pedites" dadurch zu ermuthigen. Und wirklich gelang es ihm so den Sieg zu erringen. Ist die Angabe Gisleberts über die Zahl der herzoglichen Begleiter schon höchst auffallend, ja unglaublich, so ist auch seine Angabe über die beiderseitigen Verluste unmöglich eine richtige. Auf Seiten des Herzogs sollen 2000 getödtet worden sein, 6000 seiner Leute gefangen genommen, während von Balduins Leuten „quasi nulli occisi vel capti sunt". Etwas derartiges ist, wie wir sahen, in keinem der von Gislebert besprochenen Kriege je vorgekommen, nicht einmal eine ähnliche Schlacht (p. 95 f.). Dass die Zahlen gewaltig übertrieben sind, muss jedenfalls angenommen werden; immerhin aber zeigt diese Schilderung, in wie grossartigem Maassstabe solche Turniere in jenen Gegenden abgehalten wurden, und wie viele Menschenleben dabei geopfert wurden.

Nach Ostern 1172 eilte Balduin V. „ad torniandum in Burgundiam inter Montbar et Rogesmont" mit 110 Rittern „in propriis expensis". Der Graf von Nevers versagte ihm die Aufnahme in Rogesmont, dennoch wusste Balduin sie durchzusetzen. Am folgenden Tage kam es zum Kampf zwischen ihm und dem Herzog von Burgund, der ihm an Streitkräften weit überlegen war. Daher „de armigeris suis et garcionibus clientes pedites ordinavit, et eos quibus potuit armis quasi ad defensionem contra multos praeparavit". Sie waren also gewöhnlich nicht bewaffnet. Auf diese Weise gelang es Balduin, den Sieg zu erringen. Auf seiner Rückkehr von diesem Turnier turnierte Balduin noch bei Réthel „sicque per 5 septimanas eundo et redeundo in propriis expensis cum militibus circiter 100 moram fecit" (p. 102). Da er in demselben Jahre bereits mit 80 Rittern „inter Busci castellum et Cathalanum civitatem post ipsum natalem Domini (1171), et illinc in terra Bria in loco qui dicitur Vadun de Lisi" turniert hatte und „eundo illuc et inde redeundo cum tot militibus in propriis expensis" einen ganzen Monat zugebracht hatte (p. 101), so mussten natürlich die durch die Turniere verursachten Kosten recht bedeutende sein. Daher spricht Gislebert auch mit Recht „de expensis ejus grandibus" sowohl für andere Dinge als „in tornamentorum exercitiis" (p. 101).

Wir bemerken, dass die Turniere sehr häufig gerade zur Zeit
oder gleich nach den Kirchenfesten und fast stets zwischen zwei
Städten stattfanden.

Im August 1175 wurde ein Turnier „inter Suessionem civitatem
et Brainam castrum ex superbia et arrogantia a praeclaris et probissimis
militibus Campaniensibus et Francis quampluribus" gegen Balduin
proklamiert. Zu demselben erschien dieser mit 200 milites und 1200
pedites electi. Die Gegner waren zahlreicher und durch den Ruf
ihres Namens bedeutender. Erst am Abend kam es zum Kampf, in
dem Balduin doch den Sieg errang: „de adversariis in introitu villae
Brainae et de illorum peditibus quamplures interfecti, multique aquis
submersi, quidam vero capti sunt" (p. 110 f.).

Dann ist erst wieder 1178 von einem Turnier „inter Venduel
et Feriam" die Rede. Auch hier siegte Balduin über die zahlreicheren
Gegner. Mehrere bedeutende Gefangene gelang es ihm übrigens zu
machen, die er indess sogleich freiliess (p. 115).

Ein ander Mal (1179) fand die Freigabe der Gefangenen durch
Balduin nicht sofort statt (p. 118).

Ein anderes Turnier, an dem Balduin V. Theil nahm, wird bei
„Blangi" zum Jahre 1181 erwähnt (p. 124).

Gewaltsamkeiten auch anderer Art wurden auf Turnieren verübt.
Im Herbst 1182 war Balduin V. auf einem Turnier zusammen mit
Heinrich, dem Sohn des Herzogs von Brabant. Die Leute desselben
raubten, während Balduin und die Seinen kämpften, „hernesia sua
scilicet vestes, palefridos, runcinos et hujusmodi". Daraus, dass pale-
fridi erwähnt werden, geht hervor, dass wie im Kriege der miles auf
dem Marsche auf dem „palefridus" ritt, während sein Streitross, um
es zu schonen, nicht bestiegen wurde (cf. Baltzer, Kw. p. 60), so auch,
wenn es zum Turniere ging, der Ritter neben dem Streitross noch
ein zweites mit sich führte. Natürlich verlangte Balduin V. von
Heinrich die Rückgabe der von seinen Leuten geraubten Sachen.
Zunächst wurde indessen nur die Hälfte zurückerstattet mit dem Versprechen, die andere Hälfte an einem bestimmten Termin auszuliefern.
Als dies dann nicht geschah, brachen offene Feindseligkeiten zwischen
ihnen aus (p. 129 f.).

Dann wird endlich noch einmal erwähnt, dass sich während eines Waffenstillstandes (Jan. 1183) Balduin V. zu einem Turnier „inter Brainam et Suessionem" (cf. p. 110) begab, um Bundesgenossen zu werben: „in utraque parte quotcunque poterat milites ad auxilium suum precibus et promissis convertebat" (p. 132). Gewiss fand sich selten eine bessere Gelegenheit hiezu, als ein Turnier sie bot. Aus den Worten: „dominus comes ad tornamentum inter Brainam et Suessionem sine armis transivit" schliesst Baltzer (Kw. p. 63) jedenfalls mit Unrecht, dass man auch, jenem gyrum entsprechend, „sine armis" turniert habe. Das „sine armis" bezieht sich ohne Frage auf dominus comes, nicht auf tornamentum, und es ist hier sehr erklärlich, da Balduin ja nicht um zu turnieren sich dorthin begab, sondern aus jenem anderen bereits angeführten Grunde.

Kapitel VI.

Bischöfe und Bischofswahlen.

Ein bestimmtes Alter ward bei denen, die ein Bischofsamt bekleiden sollten, nicht vorausgesetzt. Aus einer Bemerkung Gisleberts ersehen wir, dass oft recht jugendliche Personen zu dieser Würde gelangen konnten: König Heinrich VI. versprach ao. 1189 einem Sohne Balduins V., der sich dem geistlichen Stande widmen würde, ein Bisthum zu übertragen, wenn derselbe „annos 15 completos" haben werde (p. 211). Symon, der Sohn des Herzogs von Limburg, der von einem Theil des Kapitels zum Bischof von Lüttich erwählt war, war damals erst 16 Jahre alt, „aetate minor", wie Gislebert (p. 254) hinzufügt.

In der Regel waren es ältere Männer, die sich im Dienst der Kirche bereits bewährt hatten, zu deren Bischof sie erkoren wurden. Das finden wir bei Gislebert fast durchgehend. Auch Wachters (p. 58 Anm. 1) Bemerkung, dass es vorzugsweise der major praepositus oder ein archidiaconus der betreffenden Kirche war, der bei einer Neuwahl als Candidat aufgestellt wurde, finden wir bestätigt, wenn wir die Stellung betrachten, die die Erwählten vor der Wahl einnahmen.

Hugo de Petraponte hatte einen Sohn gleichen Namens, „clericum satis literatum et discretum, Leodiensis ecclesiae majorem praepositum, archidiaconum et abbatem et postea episcopum" (scil. Leodiensem) (p. 70).

Peter, dem Bruder des Grafen Philipp von Flandern, folgte als electus Cameracensis Robert, „qui cum omnium fere ecclesiarum in Flandria praeposituras obtineret, tamen nomen praepositi de Aria semper habuit" (p. 107), und nach dessen baldigem Tode wird gewählt Alardus, Cameracensis ecclesiae in Hanonia archidiaconus (p. 108; cf. p. 113).

Auf Bischof Walter von Lâon folgte dessen Neffe „Walterus, Laudunensis thesaurarius ecclesiae" (p. 110). Der thesaurarius war zugleich archidiaconus der Kirche (cf. gesta epp. Camerac. M. G. S. S. VII. p. 509).

Nach dem Tode Rogers von Cambray wählt ein Theil „Johannem ejusdem ecclesiae archidiaconum", der andere den „scolarius Cameracensis", nämlich „Walcerum, cancellarium ejusdem ecclesiae" (p. 226).

Bei der zwiespältigen Wahl in Lüttich wählt ein Theil „Albertum, ducis Lovaniensis fratrem, ordine subdyaconum, ipsius ecclesiae archidyaconum", der andere Theil „Albertum, comitis Retensis fratrem, ipsius ecclesiae majorem praepositum et archidyaconum, ordine dyaconum" (p. 227).

Der zum Erzbischof von Köln erwählte Bruno war „Coloniensis ecclesiae major praepositus", sein Nachfolger und Neffe Adolf war „ipsius ecclesiae major decanus" (p. 237).

Symon, der von einem Theil zum Bischof von Lüttich Erwählte, war subdyaconus (p. 254) jedenfalls der Lütticher Kirche. Ihm wird entgegengestellt und zum Bischof erwählt Albert de Kuch, welcher „dyaconus, Leodiensis ecclesiae archidyaconus" war (p. 265). Nachdem sich fälschlich das Gerücht von seinem Tode verbreitet hatte, wurde gewählt „Otto de Falconis-Monte, ipsius ecclesiae archidyaconus" (p. 273).

Aber auch die königliche Kanzlei brachte nach wie vor Bischöfe hervor. Der praepositus Bonnensis, der durch Kauf Tags zuvor die cancellaria erworben hatte, erhielt (ao. 1192) vom König das Bisthum Lüttich (p. 238). Ferner heisst es zum Jahre 1184: „Godefridus, imperialis aulae cancellarius, postea episcopus Erbipolensis, et Radulfus, imperialis aulae prothonotarius, postea factus episcopus Verdunensis in Saxonia" (p. 145).

Einige Male erwähnt Gislebert, dass ein Bischof bereits ein anderes Bisthum besessen resp. zum Bischof einer anderen Kirche erwählt war.

So war Bischof Rudolf von Lüttich vorher zum Erzbischof von Mainz erwählt gewesen (p. 69); Erzbischof Wilhelm von Rheims war zuerst „Carnotensis episcopus" (ao. 1165), dann „Senonensis archiepiscopus" (ao. 1168) gewesen, bevor er das vornehmste Erzbisthum Frankreichs ao. 1176 erhielt (p. 86 und 110).

Dreimal wird erwähnt, dass ein Bischof freiwillig auf das Bisthum Verzicht leistet.

Zunächst ist es der Kleriker Peter, Bruder Philipps von Flandern, der „nunquam sacris ordinibus insignitus" mehrere Jahre als electus Cameracensis (seit 1167) friedlich regierte, dann aber auf seines Bruders Wunsch, der ohne Leibeserben war, „relicta episcopatus dignitate militare officium assumpsit" (p. 80).

Dann ist es Bruno von Köln, welcher „pro corporis gravitate nimia episcopatum cito renunciavit" (ao. 1192). Wenn Gislebert hinzufügt, „qui quidem nunquam consecrari voluit", so verfällt er hier in einen Irrthum, da Bruno, wenn er auch nur kurze Zeit regierte, doch am 31. Mai 1192 geweiht worden ist (Ann. Colon. max. S. S. XVII p. 802; cf. Toeche p. 218). Auch widerspricht sich Gislebert selbst, indem er entgegen jener Stelle (p. 237) Bruno p. 244 „archiepiscopum" Coloniensem nennt und nicht „electum", wie es bei dem gerade in diesem Punkte besonders genauen und durchgeführten Gebrauch Gisleberts zu erwarten wäre, und wie er es p. 238 auch thut. Aber im letzteren Falle (p. 238), im Januar 1192 war Bruno in der That noch nicht consecriert, wohl aber in dem vorher angeführten (p. 244), nämlich im Juli desselben Jahres. Hier kam ihm also der Titel eines Erzbischofs auch wirklich zu.

Der dritte erwähnte Fall endlich ist, dass Bischof Walter von Laon ao. 1175 gleichfalls „pro debilitate sui corporis" seinem Bisthum entsagte (p. 110).

Betrachten wir die Nachfolger der beiden letztgenannten Bischöfe, so ist es auffallend, dass dieselben die Neffen jener Bischöfe sind: auf Walter von Lâon folgt „quidam ejus nepos Walterus" (p. 110), auf Bruno von Köln „nepos ejus Asulfus" (p. 237). Es könnte fast den Anschein haben, als hätten jene zu Gunsten ihrer Neffen verzichtet; jedenfalls war ihr Einfluss bei der Wahl ihres Nachfolgers bedeutend· Noch ein dritter Fall findet sich, in dem der Neffe dem Oheim im Bischofsamt folgt, hier aber erst nach dem Tode desselben: nach dem Tode des Bischofs Roger von Cambray nämlich (ao. 1191) ward von einem Theil des Kapitels „Johannes, nepos domini Rogeri episcopi praedicti", gewählt (p. 226), der auch schliesslich Bischof wurde (p. 237). Also mehrfach haben Mitglieder derselben Familie dieselben Bisthümer erlangt.

Betrachten wir nun die Stellung, die nach Gisleberts Darstellung Kaiser Heinrich VI., denn von Friedrich I. wird in Bezug auf sein Verhalten der Kirche gegenüber nichts erwähnt, bei Bischofswahlen, namentlich bei zwiespältigen Wahlen einnahm.

Nach dem Tode Bischof Rogers von Cambray (ao. 1191) kam es, wie bereits erwähnt, zu einer zwiespältigen Wahl. Ein Theil des Kapitels wählte den Neffen des Verstorbenen, den schon genannten Johannes, einen Archidiakon der Kirche, der andere „dominum Walcerum, cancellarium ejusdem ecclesiae, pro quo dominus imperator preces transmiserat". Also bereits bei der Vorwahl suchte der Kaiser seinem Wunsche Ausdruck zu verleihen. Nach dem Wormser Concordat (Bernheim, L. u. W. C. p. 47 und ders. in Forsch. XX. p. 368) durfte der Kaiser auch bei den Wahlen zugegen sein, ein Einfluss auf dieselben ist ihm also zuerkannt. Somit beging Heinrich im vorliegenden Falle keinen Eingriff in fremde Rechte. Während also Johannes, der verdientere von beiden, von der „sanior pars capituli" gewählt war, aber „die non constituta ad electionem et non convocatis majoribus ecclesiae personis sicut juris et moris est", war Walcherus von dem anderen Theile des Kapitels nach dem Wunsche des Kaisers gewählt worden, da dieser erklärt hatte, „quod in discordia partium sibi licet episcopatus et abbatias cui voluerit conferre". Ob dieser Anspruch begründet war, darüber wird später bei einem ähnlichen Fall die Rede sein. Die beiden Kandidaten begaben sich an den Hof, um ihre Angelegenheit zum Austrage zu bringen (p. 226 f.). Der Kaiser liess sich nun im Geheimen von Johannes 3000 Mark Silbers geben, wofür er ihm das Bisthum versprach, und da Walcherus hievon nichts wusste, seinerseits aber gleichfalls das Bisthum vom Kaiser versprochen erhalten hatte, wurde des Kaisers Forderung „ut ambo super episcopatu Cameracenso suae voluntati et arbitrio prorsus se submitterent" von beiden freudig acceptiert. Darauf übertrug der Kaiser das Bisthum an Johannes, einen Mann, „qui satis et honestus et religiosus videbatur", wie Gislebert hinzufügt, ein Zeichen, dass die Art und Weise, wie derselbe in den Besitz des Bisthums gelangt war, weder etwas ungewöhnliches war, noch für unehrenhaft galt. Mit Walcherus wurde geradezu ein Vertrag geschlossen: seine Ausgaben in dieser Angelegenheit, die auf 110 Mark geschätzt wurden, sollten ihm ersetzt werden und er ausserdem „a Johanne electo 80 marcatas redditus dum viveret" erhalten. Uebrigens wurden ihm die Versprechungen weder vom Kaiser, noch von Johannes erfüllt (p. 236 f.). Indess gab Walcherus sich zufrieden, und die Angelegenheit hatte eine verhältnissmässig schnelle und einfache Erledigung gefunden.

Ungleich verwickelter gestalteten sich dagegen die Verhältnisse in Folge einer zwiespältigen Bischofswahl zu Lüttich im gleichen Jahre (ao. 1191).

Hier war nach dem Tode des Bischof Rudolf von dem einen Theil des Kapitels Albert, der Bruder des Herzogs von Brabant, von dem anderen Albert, der Bruder des Grafen von Retest, beide Archidiacone der Lütticher Kirche, gewählt worden, ersterer von der Majorität, letzterer auf Betreiben Balduins V. und auch auf den Wunsch des Kaisers und der Kaiserin von dem kleineren Theile (p. 227). Beide Alberte wandten sich an den Kaiser: Albert von Brabant wurde ihm „tamquam electus" präsentiert, Albert von Retest mit seiner Minorität widersprach. Der Kaiser verlangte dies Mal „super discordia" von den Fürsten ein Urtheil. Dasselbe, von den drei rheinischen Erzbischöfen, 8 Bischöfen und 3 Reichsäbten gefällt, lautete: „quod episcopatus Leodiensis in manus domini imperatoris devenisset, dandus ad voluntatem suam." Albert von Loewen oder Brabant sah seine Aussichten schwinden, Albert von Retest dagegen, dem der Kaiser sowohl vor wie nach dem Urtheilsspruche jener Fürsten öfters das Bisthum versprochen hatte, war der besten Hoffnung, und allgemein war die Ansicht, dass er Kaiser Heinrichs Zustimmung erhalten würde. Dieser jedoch übertrug in Gegenwart der Fürsten und der beiden Alberte das Bisthum Lüttich an Lothar, den Propst von, Bonn, dem er Tags zuvor das damals gerade unbesetzte Kanzleramt verkauft hatte. Dies Verfahren erregte indess doch ein „scandalum in ecclesia et in populis multis" (p. 238 f.) Nach dem Wormser Concordat war im Prinzip dem Kaiser jede Einmischung in die Wahl versagt. Der Fall einer zwiespältigen Wahl war indess auch hier vorgesehen, uud es heisst da in Bezug auf den Kaiser: „ut si qua inter partes discordia emerserit, metropolitani et comprovincialium consilio vel judicio saniori parti assensum et auxilium praebeas." (Bernheim, L. u. W. O. p. 50; Forsch. XX. p. 368). Wie Heinrich VI. diese Bestimmung auffasste, geht aus dem Gesagten zur Genüge hervor: er nahm im Widerspruch zu jenem Paragraphen des Concordats bei zwistigen Wahlen ein vollkommenes Devolutionsrecht für sich in Anspruch, wie es vor ihm auch Heinrich V. und Friedrich I. gethan hatten. (Bernheim, L. u. W. C. p. 50; Forsch. XX. p. 371.) Nicht so sehr kam dies bei Entscheidung des Kammericher Bisthumsstreites zum Ausdruck: hier ertheilte er ja Johannes, dem einen der beiden Erwählten und zwar demjenigen, der „saniorem partem capituli" für sich hatte, das Bisthum (cf. S. 71). In der krassesten Weise aber brachte er diese seine Auffassung in dem letzterwähnten Lütticher Streite zur Geltung.

Wie im letzteren Falle Gislebert den Spruch eines Hofgerichtes erwähnt, auf den hin der Kaiser die Entscheidung dann traf, so geschah es stets in solchen Fällen. Durch denselben wurde dem Kaiser aber nicht etwa ein Recht verliehen, sondern das bestehende anerkannt. Ob, wie im vorliegenden Falle, es immer Geistliche waren, aus denen ein solches Gericht bestand, ist ungewiss. (Bernheim, Forsch. XX. p. 371; Waitz, V. G. VII. p. 279; Scheffer-Boichorst, K. F. p. 40 Anm. 1.)

Ausser diesen bei Gislebert angeführten Fällen finden sich für die Zeit Heinrichs VI. keine derartigen Entscheidungen mehr. (Bernheim, Forsch. XX. p. 370.)

Bis dahin war es Heinrich VI. stets gelungen die Bischofswahlen nach seinem Wunsch zu lenken (cf. Toeche p. 218).

Verfolgen wir nun jene lütticher Angelegenheit weiter.

Wie in der cambrayer Angelegenheit der Kaiser Walcher durch Zahlung einer Geldsumme für die getäuschten Hoffnungen zu entschädigen beabsichtigt hatte, so bot er nun auch Albert von Retest „pro expensis factis" 500 Mark an, deren Annahme jener indess, ein in damaliger Zeit nicht zu gering zu veranschlagendes Zeichen eines hochachtbaren Charakters, verweigerte (p. 239). Doch gab er seine Sache verloren und verschwindet vom Schauplatze dieses Streites.

Anders Albert von Loewen. Er begab sich noch im Frühjahr 1192 zu Papst Coelestin III., um von ihm Bestätigung seiner Wahl einerseits, andrerseits aber auch „Minderung des kaiserlichen Einflusses auf die Bischofswahlen" zu erlangen (p. 243). In Rom setzte er seine Wünsche mit Leichtigkeit durch.

Als „executores pro promotione sua" bestimmte ihm der Papst die Erzbischöfe von Koeln und Rheims, die auch Lothar und alle Kleriker und Laien, die ihm gehuldigt hatten, exkommunicieren sollten. Auffallend ist die Bestimmung, dass der Erzbischof von Rheims, nicht sein Metropolit, der Erzbischof von Koeln, ihn zum Bischof weihen sollte. Es liegt hier indess eine Ungenauigkeit Gisleberts vor: wenn letzterer sich fürchten sollte wegen des Kaisers Drohungen Albert zu weihen, sollte dies durch den Erzbischof von Rheims geschehen (cf. Toeche p. 227. A. 2). Im August 1192 wurde Albert in Rheims zum Bischof geweiht (p. 244 f.). Bald darauf aber wurde er in der Nähe von Rheims von Leuten ermordet, die, wie man glaubte, vom Kaiser, von Lothar und dessen Bruder, dem Grafen von Hochstaden dazu gedungen waren (p. 246). Aus Furcht vor der Rache des Herzogs von Brabant floh Lothar „in Theutoniam" zum Kaiser (p. 248). Auf die Nachricht vom Morde that der Papst Lothar in den Bann und übertrug dessen sämmtliche Güter an andere. Lothar begab sich daher selbst nach Rom, um Milderung der Strafe zu erlangen. Hier erreichte er nur soviel, dass er vom Banne gelöst wurde und die Bonner Propstei zurückerhielt; alle übrigen Güter blieben ihm verloren und ausdrücklich wurde noch hinzugefügt „ut ulterius ad ordines vel aliquam dignitatem promoveri non posset" (p. 249).

Seit der Flucht Lothars (Decbr. 1192) war das Bisthum unbesetzt geblieben, erst im October 1193 kam es wieder zu einer Wahl, aber auch dies Mal zu keiner einstimmigen. Einige Lütticher Kanoniker wählten mit Ausschluss aller, die Lothar geschworen hatten, da diese exkommuniciert seien, unter dem Einflusse der Herzoge von Brabant und Limburg des letzteren sechzehnjährigen Sohn Symon zum Bischof. Er wurde dem Kaiser in Aachen präsentiert und dieser, der es aus besonderen Gründen mit den in Begleitung zahlreicher Bewaffneter erschienenen Herzogen nicht verderben wollte, sah sich hier gewungen, ihn mit den Regalien zu investieren, freilich unter dem ausdrücklichen Widerspruch der vier Archidiakone (unter ihnen Albert von Retest) und vieler Kanoniker der Lütticher Kirche. Symon seinerseits zeigte sich dem Kaiser und seinen Beschützern erkenntlich, indem er einige der Lütticher Kirche gehörige Gebiete an sie abtrat. Der Kaiser spielte hier eine zweideutige Rolle. Mit seiner Zustimmung und auf seinen Rath begaben sich die vier Archidiakone nach Rom, um gegen Symons Wahl zu streiten (p. 254 f.). Natürlich setzten auch sie ihr Anliegen ihren Wünschen gemäss durch (Herbst 1194). Sie erhielten die Erlaubniss zu wählen, „quem vellent et ubi vellent". Nach ihrer Rückkehr begaben sie sich zu Balduin V., „cui soli comiti a summo pontifice totius episcopatus Leodiensis cura commissa erat", und man setzte einen für die Wahl geeigneten Tag in Namur fest (p. 262 f.). Hier wurde, nachdem inzwischen Symon vom Papst in den Bann gethan war, der von nun an von Gislebert stets „intrusus Leodiensis genannt wird, Albert de Cuch, Archidiakon der Lütticher Kirche, zum Bischof gewählt, während Symon einstweilen noch seine gewaltthätige Regierung als Bischof fortsetzte (p. 265). Mit vieler Mühe gelang es Balduin I. endlich ihn aus allen Besitzungen der Lütticher Kirche zu vertreiben (p. 268 f.). Nun begaben sich Albert de Cuch sowohl wie er nach Rom, um hier die Entscheidung des Papstes zu erhalten (p. 269). Nach langem Aufenthalt in der römischen Kurie und vielen dadurch veranlassten Kosten wurde endlich Symons Wahl kassiert, Alberts bestätigt; ersterer wurde seiner mächtigen

Verwandten wegen zum Cardinal gemacht, starb jedoch noch in Rom selbst (p. 270). So war endlich im August 1195 der unselige Streit beendet.

Wir sehen, dass im weiteren Verlaufe des Lütticher Bisthumsstreites die Entscheiduug des Papstes zu wiederholten Malen angerufen wird. Der Kaiser vermochte nicht den von ihm ernannten Lothar für die Dauer als Bischof zu halten und musste ihn aufgeben. Aber allerdings war Lothar auch nicht der Mann dazu, die freilich schwierigen Verhältnisse zu besiegen (cf. p. 248). Symon, dem er nur gewungen die Regalien ertheilt hatte, auf dem Bischofsstuhle von Lüttich zu behaupten, daran konnte dem Kaiser selbst nichts gelegen sein. Immerhin aber musste es gewissermassen für eine Niederlage Heinrichs gelten, dass auch dieser von ihm investirte Bischof vom Papst seines Amtes entsetzt wurde, und dann ein Mann das Bisthum erhielt, der ohne sein Zuthun gewählt, auf Grund eines seine Wahl anerkennenden päpstlichen Schreibens die Belehnung mit den Regalien verlangen durfte. Der päpstliche Einfluss auf die Wahlen musste durch die erwähnten Vorgänge wieder steigen, der kaiserliche wenigstens vermindert sein.

Dass der Kaiser einen Erwählten nicht anders als in Gegenwart von Reichsfürsten mit den Regalien belehnen konnte, geht aus folgendem hervor. Walcherus hatte 1191 den Kaiser in Italien selbst aufgesucht, um von ihm die Investitur zu erlangen. Ihm sowohl wie Albert von Retest, für welchen Balduin V. durch seinen Boten ebenfalls dort sich bemühte, versprach der Kaiser dieselbe wohl, doch fährt Gislebert fort: „et quia hoc nisi sub testimonio principum Theutoniae fieri non poterat et Theutoniae princeps aderat unus tantummodo .... investuras istas usque in Theutoniam oportuit differre“ (p. 231).

Wie bedeutend auch die Grossen des Reichs ihren Einfluss auf die Wahlen geltend zu machen wussten, haben wir im Vorstehenden oft genug gesehen. Dasselbe finden wir auch sonst noch erwähnt. (cf. p. 111. 113 f.) Und auch die Bürger der Bischofsstadt hatten bei der Wahl ein Wort mitzureden. So trug Walcherus, der vom Kaiser „litteras deprecatorias, ut in episcopum eligeretur“ erhalten hatte, dieselben „et ad capitulum Cameracense et ad cives et ad comitem Hanoniensem“ (p. 226).

Dass der Erwählte erst nach seiner Weihe „episcopus" genannt wird, erwähnte ich schon (S. 69). Wir fanden es bei Bruno, Lothar, Symon; so heisst auch Peter, Philipps von Flandern Bruder, der nie geweiht war, bis zu seinem Uebertritt in den Ritterstand „electus" (p. 80) und Robert wird „susceptis a domino imperatore Romanorum Frederico regalibus" dennoch bis zu seinem baldigen Tode „electus" genannt (p. 108). Wie lange die Weihe zuweilen aufgeschoben wurde, zeigt der Umstand, dass der eben erwähnte Petrus, ohne sie empfangen zu haben, von 1167 bis 1174 den Bischofssitz in Lüttich inne hatte (cf. p. 80 und p. 107).

Wie der Kaiser, wie wir sahen, mit den Bisthümern bisweilen geradezu Handel trieb, so herrschte auch in einzelnen Bisthümern Simonie. Als der Cardinal und Legat Heinrich, Bischof von Albano, das Kreuz predigte, kam er auch nach Lüttich ao. 1188, „ubi symoniam inter cetera vitia vigere nimiam audivit, in ipsum episcopum Radulfum exacerbatus". Balduin eilte daher zum Schutze seines Lehnsherrn herbei. Hier predigte der Cardinal nun gegen die Simonie und, nachdem im Palaste des Bischofs die Kleriker und Prälaten des Lütticher Sprengels, etwa 2000 an der Zahl, versammelt waren, fährt Gislebert fort: clerici tam majores quam minores circiter 400 bona sua . . . et alia quam plura beneficia in manum cardinalis libere resignaverunt, quorum plures ista ab episcopo Radulfo ibidem praesente emptione acquisierunt. Dominus autem cardinalis illos a peccato suo absolvens et eis poenitentiam injungens, mutans personatus et alia bona ecclesiastica, quod unus possederat alii conferebat: sicque cuique in alterius bonis justam recompensationem faciebat, aliquibus ipsa bona, quae resignaverant, reddebat. His equidem bonorum restitutionibus manum apposuit ipse Radulfus Leodiensis episcopus" (p. 183). Recht bezeichnend ist diese Stelle für die Art und Weise, auf welche man den Verstoss gegen die Bestimmungen der Kirche ungeschehen zu machen bemüht war.

Kapitel VII.

Kirchliches.

Zu wiederholten Malen ist bereits von dem Uebertritt Peters, des Bruders Philipps von Flandern, die Rede gewesen (p. 80): „qui tandem . . . militare officium assumpsit relicta episcopatus dignitate". Noch an einer anderen Stelle ist ein gleicher Vorgang erwähnt. Albert, der Sohn des Herzogs von Brabant, später der erwählte Bischof von Lüttich, damals, im October 1187, Archidiakon der Lütticher Kirche, trat gleichfalls aus dem geistlichen in den weltlichen Stand über (p. 179). Er verblieb jedoch nicht lange in demselben, denn bereits ein halbes Jahr später, im Februar 1188, bei Gelegenheit der Anwesenheit des Bischofs von Albano in Lüttich heisst es von ihm: „officio militari abrenunciavit et bonis suis ecclesiasticis et ordine clericali restitutus cruce ibidem signatus est" (p. 184).

Dass ein Laie noch kurz vor dem Tode Mönch wird, wird einmal erwähnt (p. 137).

Einmal ist von dem Eintritt jemandes in einen geistlichen Orden, den ordo hospitalis Iherosolimitani, die Rede (p. 209).

Dass auch Frauen den Stand wechselten, finden wir gleichfalls erwähnt:

Laureta, Tochter aus erster Ehe des Grafen Dietrich von Flandern, war zu wiederholten Malen vermählt und endlich „viris singulatim relictis religionis habitum sumpsit" (p. 73).

Als sich kein Erbe für die Grafschaft Boulogne weiter fand, rief man eine „domina quae religionis habitum assumpserat" als nächste Erbin herbei. Sie folgte diesem Ruf und heirathete Mattheus, den Bruder des Grafen von Flandern. Nachdem sie diesem zwei Töchter geboren hatte, heisst es „placuit ipsi dominae, quae Deo votum fecerat, ad ecclesiam suam omnino reverti" (p. 87).

Ich will hier gleich die Bemerkungen Gisleberts, welche die Kreuzzüge betreffen, folgen lassen:

Es war nicht nothwendig, dass die mit dem Kreuze bezeichneten, sogleich ihr Gelübde erfüllten. Der Graf von Loz zögerte über fünf

Jahre (p. 185), der Graf von Hochstaden (ib.) zwei Jahre, ehe er den Weg antrat. Dass für die Dauer solcher Kreuzfahrten mit und zwischen den Kreuzfahrern Waffenstillstände geschlossen wurden (p. 133. 184) ist schon erwähnt. Dass dieselben das Kreuz abgeworfen und an weltlichen Kämpfen Theil genommen hätten, macht Gislebert sowohl dem jüngeren Herzog von Brabant (p. 182), sowie dem Herzog von Limburg und zweien seiner Söhne (p. 184) zum Vorwurf. Treuer erfüllte Kaiser Friedrich sein Gelübde (p. 209). Die Grösse des von Kaiser Friedrich versammelten Kreuzheeres giebt Gislebert auf 20 000 Ritter „exceptis servientibus et burgensibus et clericis et aliis peditibus" an (p. 209).

Den Misserfolg des zweiten Kreuzzuges schreibt Gislebert dem Umstande zu, dass viele Ritter ihre Gattinnen mit sich führten und ausserdem: „in eorum comitatu cuiuscunque condicionis mulieres incedebant" (p. 88).

Dass die cruce signati bei festlichen Gelegenheiten mit Geschenken bedacht wurden, finden wir auf der Mainzer Reichsversammlung erwähnt (p. 143). Auch von Egidius de Sancto Oberto, dem summus dapifer et camerarius Balduins V., heisst es: „honesto dono ab ipso comite ad supplementum itineris sui accepto, licentiam peregrinandi a domino suo et ab universis in curia accepit" (p. 109). Also auch vor Antritt einer Kreuzfahrt musste die licentia des Grafen nicht nur, sondern auch der Kurie eingeholt werden. Einmal finden wir erwähnt, dass ein Kreuzritter seine Güter für die Dauer seiner Abwesenheit verpfändete. Es ist kein geringerer als Herzog Gottfried von Bouillon, der sein Allod Bouillon der Kirche von Lüttich für eine gewisse Geldsumme verpfändete. Sollte er auf dem Zuge sterben, so sollte das Allod der Kirche verbleiben; falls er jedoch zurückkehrte, sollte es ihm freistehen, dasselbe gegen die gezahlte Summe auszulösen. Da er nicht mehr heimkehrte, ging Bouillon in den Besitz der Lütticher Kirche über (p. 57 f.)

Dass auch hochgestellte Frauen eine Fahrt nach dem Morgenlande unter Umständen nicht scheuten, sehen wir aus folgendem: Balduin II. von Hennegau war auf dem ersten Kreuzzuge verschollen, ohne dass man wusste, ob er gefallen oder gefangen sei. Seine Gemahlin Ida trug in ihrem Kummer um den geliebten Gatten kein Bedenken „partes illas cum labore magno et gravibus expensis adire, unde ipsa prius de viro suo incerta, incertior rediit" (p. 59).

Sonst ersetzten den Frauen Wallfahrten nach einem besonders heiligen Orte die Kreuzfahrten der Männer. So erzählt Gislebert von der eben genannten Gräfin Ida, der Wittwe Balduins II: „haec quidem mulier religiosa Romam orandi intuitu saepius adiit" (p. 59).

Margaretha, die Gemahlin Balduins V., wallfahrtete „ad Sanctum Egidium" (St. Gilles) (p. 137). Ebendahin wallfahrteten später Balduins VI. Gemahlin Maria und mit ihr die Herzogin Mathilde von Brabant (p. 293). An eine Wallfahrt ist wohl auch zu denken, wenn es heisst, Bischof Rudolf von Lüttich sei auf der Rückkehr von Jerusalem gestorben (p. 227).

Von den durch die Bewegung der Kreuzzüge hervorgerufenen damals nicht seltenen Judenverfolgungen, spricht Gislebert nur einmal: Als Philipp II. August von Frankreich 1180 zur Regierung gekommen war „eodem anno . . . . omnes Judaeos a civitatibus suis propriis et castris ejecit et prorsus eliminavit", und zwar erhielt er für die Vertreibung derselben „a christianis Franciae immensam pecuniam" (p. 121).

Schenkungen und Verleihungen an Kirchen waren an der Tagesordnung, fromme Stiftungen und dergl. m. nicht minder. So z. B. p. 27. 37. 60. 91. 98. 212. 270. 293.

Die Stiftungen der Eltern zu fördern, gebot dem Sohne die Pietät. Daher hebt Gislebert hervor, dass Balduin V. einigen von seinen Eltern erbauten Kapellen feste Einkünfte verliehen habe, die sie bisher nicht besassen (p. 79).

Ganz besonders pflegten die Grossen in ihrem Testamente zahlreiche Schenkungen an Kirchen zu verleihen, um in ihnen für ihre Seele beten, Messen lesen und ihr „anniversarium" feiern zu lassen. So werden beim Tode der Gräfin Margarethe, Gemahlin Balduins V., mehrere solche Schenkungen genannt (p. 264).

Viel mehr Schenkungen enthält das Testament Balduins V., von dem Gislebert sehr ausführlich spricht (p. 274—290): 14 Kirchen, das Kloster der „beata Waldetrudis in Montibus" und die „capella in Valencenis" sind von ihm bedacht worden (cf. p. 276—289).

Aus diesen letzteren Verleihungen erfahren wir mehrfach, dass sich Balduin V. an Kirchengütern gewaltsam vergriffen hatte. So der ecclesia Lobiensis (p. 276), der ecclesia Altimontensis (p. 277), der ecclesia Melbodiensis (p. 281. 284) gegenüber.

Mehrfach werden durch Balduins testamentarische Bestimmungen gewisse Güter einzelner Kirchen von allen Abgaben und fremder Gerichtsbarkeit befreit. So erhielt z. B. die „Alnensis ecclesia sex boneria terrae „remota omni advocatia et calumpnia" (p. 277).

Einige Besitzungen der „Crispiniensis" ecclesia, die zur Vogtei des Grafen selbst und seines Bruders Heinrich gehörten, befreite er „ab omni tallia et exactione et angaria omnique advocatia" (p. 278).

Der „Melbodiensis ecclesia beatae Adelgundis" verlieh Balduin V. seinen Antheil an einigen Hainen „in omni jure a dominatione et advocatia omnique jure" frei (p. 280).

Und ähnliche Bestimmungen finden sich noch weiter für dieselbe Kirche (p. 280), die ecclesia Montensis (p. 283), die ecclesia Melbodiensis Sancti Petri et Sancti Quintini" (p. 284).

Noch eine Bestimmung allgemeineren Inhalts und von allgemeiner Bedeutung für die geistlichen Besitzungen im Hennegau trifft Balduin V. in seinem Testament. In Betreff der „Hunde und Jäger" nämlich (cf. Waitz, V. G. VIII., p. 264 f.), die vieler Orten im Hennegau ihre „gistae et porsonia de jure" besassen, die aber „praeter jus abbatias et curtes abbatiarum in gistis suis opprimere consueverant", bestimmte er, dass von dieser Last die „abbatiae et eorum curtes" frei sein sollten, sofern es nicht eine terra war, „quae de consuetudine illarum esset terrarum, in quibus canes et venatores jus suum habent" und in deren Besitz die Kirche nur durch Schenkung oder Kauf gekommen war. In diesem Falle sollte die Kirche gehalten sein, „ad valentiam terrae illius jus suum et canibus et venatoribus exsolvere", zu mehr aber nicht gezwungen werden (p. 275).

Von Balduin IV. berichtet Gislebert zum Jahre 1168, dass er „ordinem saecularium canonicorum Valencenensis ecclesiae Sancti Johannis baptistae", den er selbst eingesetzt hatte, in ordinem regularium canonicorum" umgewandelt habe, und ihnen, „eos a sua emancipans institutione", einen Abt gesetzt habe (p. 91 f.).

Eine wie grosse Anzahl geistlicher Würden und Aemter derselben Person übertragen werden konnten, fanden wir schon einmal erwähnt: Robert, der electus Cameracensis, der vor seiner Wahl gewöhnlich „praepositus de Aria" genannt wurde, besass „fere omnes praeposituras Flandriae" (p. 107). Gislebert selbst verwaltete 6 Pfründen, das Amt des custos in 2 Stiftern, das des Propstes in 2, das des Abtes in einem Stifte (p. 292). Die letztgenannte Abtei, die der Marienkirche in Namur, bedeutete nur das Verfügungsrecht über die Pfründen (p. 205). Entsprechend verhielt es sich mit der Abtei von St. Germain in Mons (p. 48; cf. Wachter p. 44 Anm. 1).

In der Einleitung spricht Gislebert ausführlich über die ecclesia beatae Waldetrudis in Mons und die Rechte der Grafen von Hennegau über dieselbe (p. 40—45 und p. 48), worauf ich hier nicht näher eingehen kann.

Kapitel VIII.

Das Lehnwesen.

Betrachten wir zunächst die lehnsrechtliche Stellung der Grafen von Hennegau.

Die Grafen besassen zunächst nur Allod und Reichslehn, letzteres bestehend in der abbatia und advocatia Montensis und der justitia comitatus (p. 27). Um Schutz und Hilfe gegen Robert den Friesen zu erhalten, welcher Arnulf III. aus Flandern verdrängt hatte, übertrugen Richeldis und ihr Sohn Balduin II. ao. 1071 „omnia sua allodia in Hanonia sita episcopo Leodiensi Theoduino". Dieser übertrug sie jenen dann wieder „in feodo ligio tenenda" und zahlte ausserdem bedeutende Geldsummen. Der Bischof bewirkte nun seinerseits „servicio et donis mediantibus", dass der Kaiser ihm jene feoda mit Zustimmung der Richeldis und ihres Sohnes übertrug, die er dann auch diesen zu Lehn gab, damit sie „sub una manu et uno hominio ligio universa allodia sua et familias et feoda" vom Bischof von Lüttich zu Lehn empfingen. In derselben Weise, sagt Gislebert, gelangten auch ihre Nachfolger in den Besitz Hennegaus (p. 33 f.). Ficker (Hsch. p. 93 f.) geht auf diese Lehnsverbindung näher ein und bemerkt, dass Gislebert einen wichtigen Umstand dabei verschweigt (cf. Wachter p. 51 Anm. 1). Nach einer Angabe Lamberts von Hersfeld (Mon. Germ. S. S. p. 182) übertrug der Bischof die Grafschaft zunächst dem Herzog von Lothringen, dieser sie dann weiter an an Richeldis und Balduin II. Diese Angabe wird bestätigt durch eine anscheinend gleichzeitige urkundliche Aufzeichnung (Ernst, Hist. du Limbourg VI p. 109): nachdem erzählt ist, dass der König mit Zustimmung der Richeldis und ihres Sohnes die Grafschaft dem Stifte geschenkt hat, heisst es daselbst: „et ibidem in praesentia regis et omnium principum dux Godefridus miles effectus est domni episcopi Dietwini accepto ab eo hoc beneficio; ipsa vero comitissa (miles) ducis effecta hoc idem accepit a duce beneficium, ea scilicet ratione, ut ei dux non fuerit vel filius hereditarius, ab episcopo requireret beneficium ipsa vel filius vel filia —; quod si hi defuerint aut ab episcopo non requisierint militari jure, omnes milites cum castris et beneficiis in manum episcopi veniunt et in ejus dominatu maneant". Herzog Gottfried starb schon 1076 ohne einen Sohn, es folgte ihm sein gleichnamiger Neffe. Da die Grafschaft später immer unmittelbar vom Bischof zu Lehn genommen wurde, scheint man also jene Verabredungen genau eingehalten zu haben (Ficker, a. a. O.). Auch Balduins V. Erhebung in den Reichsfürstenstand war nur möglich, wenn ein solcher Zwischenherr zwischen dem Bischof und ihm nicht existierte, und dass es einen solchen damals schon lange nicht mehr gab, sahen wir bereits.

Wachter (a. a. O.) sieht in folgenden Worten Gisleberts bei Aufzählung der Theilnehmer am ersten Kreuzzuge: „Godefridus dux Bullionis cum fratribus suis ..., Balduinus sepedictus Hanoniensis ..., Godefrido duci et ejus fratribus ad auxilium Domini et ejus honorem associatus est", einen Hinweis auf jene Zwischenstellung Lothringens (cf. p. 57). Einen solchen kann ich in ihnen nicht finden. Es war nichts natürlicher, als dass Balduin, wofern er an dem Kreuzzuge überhaupt

Theil nahm, sich dem mächtigsten Fürsten seiner Gegend auf demselben anschloss. Auch muss Wachter dann noch eine Belehnung Balduins von Seiten dieses Herzogs, der nicht als Sohn, sondern als Neffe seinem Vorgänger gleichen Namens folgte, annehmen, die nach jener von Ficker mitgetheilten Urkunde mindestens höchst unwahrscheinlich ist.

Bezeichnend für die Stellung der Grafen von Hennegau dem Kaiser gegenüber und dem Reiche, ist folgende Angabe Gisleberts. Ao. 1187 sollte zwischen dem König von Frankreich und dem Kaiser eine Zusammenkunft Statt finden. Zuerst forderte ersterer, dann auch letzterer den Grafen auf, bei dem colloquium auf seiner Seite zu erscheinen: „dominus autem comes, licet nemini illorum hominii fidelitate obligatus esset, tamen, quia „de imperio" esset, ad dominum imperatorem transivit et cum eo in colloquio illo fuit" (p. 180) Baltzer (Kw. p. 26) ist auf Grund dieser Angabe wohl mit Recht der Ansicht, dass nach Gisleberts Meinung „man einer derartigen Ladung von Rechtswegen nur zu folgen braucht, wenn man dem Ladenden das Hominium geleistet habe". Gislebert sieht also in der Handlung, zu der der Graf aufgefordert war, einen Lehnsdienst und glaubt hierzu den Grafen dem Kaiser nicht verpflichtet deshalb, weil letzterer nur des Grafen Oberlehnsherr war und der Graf nicht dem Kaiser, sondern dem Lütticher Bischof Mannschaft geleistet hatte".

Als Balduin V. zum Reichsfürsten erhoben wurde, änderte sich das Verhältniss natürlich: er leistete dem Kaiser für die Markgrafschaft das Hominium (p. 206), während andrerseits sein Verhältniss als Graf von Hennegau dem Lütticher Bischof gegenüber dasselbe blieb (cf. S. 22). Auch für das flandrische Reichslehn hatte er dem Kaiser das Hominium zu leisten (p. 243).

Dass die Grossen des Reichs auch von Fremden Lehen nahmen, kam bisweilen vor (Waitz, V. G. VI., p. 15). Auch die Grafen von Hennegau haben ao. 1172 dem König von England das Hominium geleistet, und mit ihnen mehrere ihrer Lehnsleute (p. 102) (cf. Ficker Hsch. p. 75). Endlich musste Balduin V., als seine Gemahlin Margarethe durch Erbschaft in den Besitz Flanderns gekommen war, auch dem König von Frankreich für den französischen Theil Flanderns das Hominium leisten (p. 239).

In Bezug auf die Lehen, die man von Fremden nahm, sei auch erwähnt, dass Balduin V., als er noch nicht im Besitz Flanderns war, auch seinerseits „quosdam milites de regno Francorum probos magnique nominis . . . infeodavit feodis annuatim habendis" (p. 157). Auch von König Richard von England berichtet Gislebert, dass er bei seiner Rückkehr aus der Gefangenschaft in Köln mehrere Lehen an den Erzbischof von Köln, Symon von Lüttich und die Herzoge von Limburg und Loewen austheilte, welche Verleihungen indessen, wie Gislebert hinzufügt, in keiner Weise eingehalten wurden (p. 250).

Betrachten wir nun den Lehnsvertrag zwischen dem Grafen von Hennegau und dem Bischof von Lüttich etwas näher.

In demselben wurde zunächst bestimmt, „quod comes Hanoniensis domino suo episcopo Leodiensi servitium et auxilium ad omnia et contra universos homines cum omnibus suis viribus hominum suorum tam equitum quam peditum debet, et hoc in propriis expensis episcopi, postquam ipse comes a comitatu Hanoniensi exierit". Auch wenn der Bischof ihn zur curia oder einem colloquium bestellt, soll er ihm die Kosten ersetzen. „Si dominus imperator Romanorum comitem Hanoniensem ad curiam suam invitaverit ob aliquam causam, episcopus Leodiensis eum in propriis expensis ad curiam illam salvum ducere debet et reducere et pro eo in curia stare et respondere". Wenn der Graf angegriffen würde, solle der Bischof ihm auf eigene Kosten zu Hilfe eilen; wenn er ein „castrum, quod ad honorem suum pertineat" belagert oder ein solches von anderen belagert wird, soll der Bischof ihn mit 500 milites unterstützen. Diese Hilfe schuldet er ihm „ter in anno quaque vice videlicet quadraginta diebus". Mit dem Grafen zusammen leisten drei Kastellane dem Bischof das Hominium, nämlich der castellanus Montensis, Bellimontis und Valencenensis. „In natali Domini" erhält der Graf vom Bischof „tria paria vestium quarum singulae vestes debent valere sex marchas argenti pondo Leodiensi", die Kastellane auch ein jeder „vestes" von demselben Werthe. Zugleich wurde festgesetzt, „si quod allodium in toto comitatu Hanoniensi comiti datum fuerit, et postea ab ipso in feodo accipiatur, vel si aliquod allodium inter terminos sui comitatus, vel servos vel ancillas sibi in proprietatem acquisierit, ipse statim ea ab episcopo Leodiensi cum alio suo feodo tenet". Uebrigens sollten die Grafen und ihre Lehnsleute nicht gehalten sein, der „justitia" des Bischofs sich zu unterwerfen (p. 34 f.).

Wurden neue Lehnsverträge oder Verträge überhaupt geschlossen, so wurde die Treue gegen den (resp. ersten) Lehnsherrn ausdrücklich vorbehalten (cf. Waitz, V. G. VI., p. 45). In dem Ehevertrage zwischen Balduin V. und Magarethe, der Schwester Philipps von Flandern, wurde unter anderem bestimmt, „quod comes Flandrensis comitem Hanoniensem ad omnes necessitates suas contra omnes homines juvaret excepto domino suo ligio rege Francorum; comes autem Hanoniensis comitem Flandriae ad omnes homines juvaret, excepto domino suo ligio Leodiensi episcopo" (p. 94).

Wenn jemand von demjenigen, dem er bereits für ein Lehn das hominium geleistet hatte, ein neues Lehn empfing, so musste er für dieses noch besonders das hominium leisten, wie es von Egidius de Sancto Oberto ausdrücklich erwähnt wird (p. 107). Ebenso heisst es von Jacob von Avesnes, er sei der „bis ligius homo" des Grafen von Hennegau gewesen (p. 152).

Erwähnen will ich hier beiläufig, dass auch bei Gislebert sich ein Unterschied zwischen einem einfachen homo (hominium) und einem „ligius" homo (ligium hominium) nicht constatieren lässt. Die Bezeichnung „ligius" ist bei ihm sehr gewöhnlich.

Dass dieselbe Person mehreren Lehnsherrn durch das Hominium verbunden sein konnte, ging schon aus dem vorher Erwähnten hervor. Von Rasso de Gaura heisst es z. B. „qui quamvis comitis Hanoniensis homo esset ligius, tamen comiti Flandriae magis astrictus hominio et timore", woher er, als es zwischen seinen Lehnsherren zum Kampfe kam, sich letzterem anschloss (p. 159).

Aber nicht immer entschied man sich in solchen Fällen in dieser Weise. Als zwischen dem Grafen von der Champagne und Balduin V. Krieg ausgebrochen war, heisst es: „auxiliatores multi, quos comes Hanoniensis habere solebat, propter comitem Campaniae, cujus homines erant et vicini, comiti Hanoniensi deerant" (p. 200). Es ist hier jedenfalls auch an Lehnsleute Balduins zu denken, die sich in diesem Falle also neutral verhielten, sonst hätten sie ja dem Grafen von der

Champagne Hilfe leisten müssen, was, wie aus Gisleberts Worten mir hervorzugehen scheint, nicht geschah. Ein verwickelter Fall ist auch folgender: Jacob von Avesnes war sowohl Lehnsmann des Grafen von Flandern wie des Grafen von Hennegau. Von ersterem hatte er die castra „Guisa" und „Leschireae" zu Lehn, von letzterem unter anderem „Avethnas et Landrecias et Leusam". Nun brachen zwischen ihm und dem Grafen von Flandern Streitigkeiten aus, in Folge deren letzterer nach dem ihm als Lehnsherrn zustehenden Rechte die Rückgabe von Guisa und Leschireae verlangte. Als Jacob sie verweigerte, ward er von Philipp angegriffen. Nach dem erwähnten Vertrage (cf. S. 84 f.) war Balduin V. verpflichtet, ihn zu unterstützen: während dieser daher Guisa belagerte, belagerte er Leschireae. Da nun auch die übrigen castra Jacobs, die er von Balduin zu Lehn trug, gefährdet waren, übergab er dieselben „astutius agens" dem Grafen von Hennegau „tamquam ejus feoda ligia" zur Bewachung. Balduin bewahrte sie getreulich, wie es seine Pflicht als Lehnsherr und sein eigenes Interesse verlangte, bis er sie Jacob wieder zurückerstatten konnte. Andrerseits aber nahm er als Bundesgenosse Philipps auch Leschiereae ein (p. 112).

Von einem „hominium" hoher Geistlicher ist bei Gislebert nicht die Rede. Dagegen spricht er einmal davon, dass der praepositus Sancti Germani und der praepositus (praeposita) und der custos (custodissa) beatae Waldetrudis in Mons dem Grafen von Hennegau als ihrem Abt „hominium et fidelitatem" leisten müssen (p. 48). Von einer wirklichen Mannschaft kann hier nicht die Rede sein, aber es war ja üblich, von hominium auch bei solchen Verhältnissen zu sprechen, in denen eine Analogie sich geltend machte (cf. Waitz, V. G. VI., p. 43).

Liess sich der neue Landesherr huldigen, so geschah dies von einem mehr oder minder grossen Theil der Bevölkerung. Als Balduin IV. das castrum Cimacum erwarb, wurde bestimmt „ut milites et feodati totius allodii illius et etiam omnes homines, qui aetatem 15 annorum habuerint", debent comiti Hanoniensi fidelitatem tactis sacrosanctis exhibere (p. 76). Das Alter von 15 Jahren scheint also für den, der einen Eid leisten sollte, für nöthig gehalten zu sein.

Ebenso empfing Albert von Kuch, als er zum Bischof erwählt war, „fidelitates ab universis hominibus Hoyensibus" (p. 267). Von den Bürgern der Städte wurde also nur der Treueid, nicht das „hominium" verlangt (cf. Waitz, V. G. VI., p. 44).

Dass einem in Aussicht genommenen Nachfolger des Lehnsherrn auch im voraus die Huldigung geleistet wird, finden wir bei Gislebert häufiger erwähnt. Balduin I. von Hennegau und VI. von Flandern liess seinen Söhnen als seinen rechtmässigen Erben, „ab universis fidelibus fidelitates et hominiorum securitates tactis sacrosanctis" leisten (p. 28). In der Namurer Erbangelegenheit liess Graf Heinrich von Namur seinen Erben Balduin IV. und Alidis „fidelitates et servitates" nicht einmal sondern vielfach „ab hominibus suis tam a militibus, nobilibus quam a familiaribus, servientibus et burgensibus tam de terra Namurco quam de Durbui et de Rocha et de Lusceleborch" leisten (p. 68). Und gleichfalls liess er Balduin V., der nach dem Tode seiner Eltern zu seinem Nachfolger bestimmt wurde, „fidelitates et securitates" „ab hominibus suis nobilibus et servilis condicionis" erneuern (p. 104). Während hier in beiden Fällen nicht vom „hominium" die Rede war, finden wir später in derselben Angelegenheit auch dies erwähnt. Als ao. 1182 Graf Heinrich völlig erblindet war, eilte Balduin V. zu ihm nach Luxemburg „cui comes Namurcensis a nobilibus terrae illius et familiaribus et burgensibus de Lusceleborch novas fecit fieri securitates. Quas quidem securitates et hominia comiti Hanoniensi milites fecerunt (es folgen 35 Namen, darunter auch eine Frau genannt) et cum istis quidam alii milites et servientes et burgenses" (p. 134 f.). Ebenso heisst es gleichfalls in dieser Angelegenheit: „comes Namurcensis suis fidelibus injunxit, ut comiti Hanoniensi hominia et fidelitates facerent", nachdem zuvor die „homines ad honorem Namurcensem pertinentes tam milites quam servientes comiti Hanoniensi in pratis in loco qui Harbates dicitur, hominia et securitates" geleistet hatten (p. 218).

Dies letztere war geschehen, nachdem inzwischen der Graf von Namur auch dem Grafen von der Champagne die Nachfolge zu sichern bemüht gewesen war. Diesem hatte er securitates hierüber von milites, servientes und burgenses in seinem ganzen Lande leisten lassen, indem er seine Mannen zwang, ihm „fidelitates et hominia" zu schwören (p. 177 f.). Als dann eine Einigung zwischen dem Grafen von Namur und Balduin wieder zu Stande gekommen war, sagt Gislebert von ersterem in Bezug auf letzteren: „et ab hominibus suis (es folgen 9 Namen) et aliis multis securitates et fidelitates saepius antea factas renovari fecit" (p. 186). Hier ist also wieder nicht von den „hominia" die Rede; Gislebert gebraucht diesen Ausdruck, wie wir sehen, also ziemlich willkürlich, da er in Bezug auf denselben Vorgang bald von „fidelitates et securitates", bald von „fidelitates et hominia", bald endlich von „hominia et securitates" spricht.

Gleichfalls im voraus empfingen Balduin V. und Margarethe in Flandern als Philipps Nachfolger die Huldigung (p. 113).

Ebenso heisst es von Philipp, Balduins V. zweitem Sohne, welcher die Tochter des Grafen von Nevers später heirathen sollte und nach des Grafen Tode ihm nachfolgen sollte, während seine Schwester Yolende diesen selbst heirathete: „cum sorore sua in terram Nivernensem transivit et ibi ab aliis nobilibus et militibus et burgensibus fidelitates accepit" (p. 251 f.).

Und wie in diesen Fällen nur von fidelitates die Rede ist, so heisst es auch, Balduin V. habe „acceptis hominum suorum tam nobilium quam servilis condicionis fidelitatibus", weise und gerecht regiert (p. 100).

Die Eidesleistung erfolgt, wie die Beschwörung von Verträgen im Allgemeinen unter Berührung von Heiligthümern (p. 28. 76. 94. 186 ect.; cf. Waitz, V. G. VI. p. 50 f.). Einmal wird statt dessen des Kusses zur Bekräftigung des Eides Erwähnung gethan: Jacob von Avesnes hatte in der capella des Grafen in Mons einen Eid geleistet, „et osculo pacis et dilectionis comiti et comitissae et eorum filiis dato benigne ab eis recessit" (p. 153).

Dass der „electus" (scil in episcopum) auch vor seiner Weihe Lehnseid und Huldigung empfing, scheint das gewöhnliche gewesen zu sein. Zwei derartige Fälle erwähnte ich bereits (p. 243. 267; cf. S. 86, 87). Auch Balduin V. sehen wir drei Mal einem „electus" huldigen (p. 242. 243. 265).

Von Abgaben bei Wechsel des Belehnten ist ausser von dem relevium der villici ecclesiae Montensis (p. 44) noch zwei Mal die Rede. Der eine Fall bezieht sich auf Frankreich. Balduin V. musste, als er für seine Gemahlin die flandrische Erbschaft in Besitz nahm, dem König von Frankreich 5000 Mark Silbers zahlen, „cum juris sit sed non amoris in Francia, ut quilibet homo pro relevio feodi sui ligii tantum det domino suo, quantum ipsum feodum intra annum valeat" (p. 242).

Solche Abgaben existierten rechtlich im deutschen Reiche nicht (Waitz, V. G. VI. p. 28), aber etwas ähnliches war auch hier wohl üblich, wie wir aus folgender Bemerkung Gisleberts schliessen können: König Heinrich VI. gab nach dem Tode Herzog Gottfrieds von Brabant auf Bitten Philipps von Flandern dem Sohne des Verstorbenen ao. 1190 alle feoda seines Vaters zu Lehn, „nullo mediante argento; cum ipse absque multo argento non reddidisset nisi comitis Flandriae preces intercecsissent" (p. 222).

Das Recht, welches dem Lehnsherrn seinem Lehnsmann gegenüber zustand, war für letzteren oft recht unangenehm. Als daher der Graf von Flandern dem Grafen Balduin V. seine Hilfe versprach, wenn er dem König von Frankreich absagte und von ihm selbst einige castra zu Lehn nähme, so schlug jener dies Anerbieten ab, „timens illius austeritatem ut quandocunque sibi placeret, ea a comite Hanoniensi requireret sibi reddenda et ei ad voluntatem suam in Flandria dies tamquam homini suo constitueret et sibi si placeret, eum tamquam aliquem barronem Flandrensem ad duellem provocari faceret, sicut moris est in regione illa" (p. 201).

An einer anderen Stelle spricht Gislebert über das Recht der Grafen von Hennegau, welches sie „in fidelitatibus et securitatibus omninum castrorum et munitionum in toto comitatu et dominatione Hanoniensi" hatten. Wer nämlich innerhalb der Hennegauer Grafschaft eine Befestigung von Alters her besass, oder neu erbaut hatte, sei es in einem feodum oder allodium, der muss von Rechts wegen dem Grafen von Hennegau zuerst die fidelitas und das hominium für dieselbe leisten, auch wenn sie auf eines anderen Lehn oder Allod erbaut ist, so dass er dem Grafen selbst oder einem glaubwürdigen Gesandten desselben „ad omnes monitiones suas tam in ejus necessi-

tate quam in ejus voluntate" das castrum oder die munitio zurückzugeben verpflichtet ist. Der Graf aber muss es seinerseits „sicut
sanam invenerat ita sanam reddere cum omnibus in illa inventis.
peractis inde negotiis suis" (p. 76 f.; cf. Waitz, V. G. VIII. p. 202).

Ueber die Rechte des Lehnsherrn und die Pflichten der Lehnsleute erfahren wir noch sonst einiges aus der Chronik.

Cono de Duras besass vom Herzog von Limburg mehrere Lehen,
für welche er diesem das continuum stagium im castrum Limburg
schuldete. Letzterer zog ihn häufiger „ad stagium faciendum" heran.
wozu er also das Recht hatte, da es ja ein „continuum stagium" war.
Cono aber unwillig darüber, da er jedenfalls mehr als üblich zu diesem
Dienst herangezogen wurde, folgte dem Befehle seines Herrn nicht.
Daher machte ihm dieser den Process und es wurden Cono alle Güter,
die er vom Herzog zu Lehn besass, abgesprochen (p. 213).

Als Balduin IV. Cimacum zu Lehn vergab, wurde bestimmt,
„ut milites illi et feodati homines de Cimaco debent comiti Hanoniensi auxilium omnimodis contra dominum castri", falls dieser sich
weigern sollte, auf die Aufforderung des Grafen diesem das castrum
zurückzugeben (cf. S. 89) oder in irgend einer anderen Weise sich
ihm widersetzen sollte (p. 76).

Befestigungen durften die Belehnten nur mit Zustimmung ihres
Lehnsherrn errichten: als Gossuinus, der viele Lehen von Balduin IV.
besass, „factae fidelitati obvians domino suo ligio comiti Hanoniensi
in jure contraire et contra ejus voluntatem et prohibitionem turrim
in Avethnis cepit construere", und die Forderung seines Herrn „juri
stare in ejus curia" zu erfüllen, sich weigerte, griff dieser ihn an.
Am dritten Tage erlangte er „super jure suo" den Sieg und führte
nun Gossuin gefangen nach Mons: „quem tandem ad preces fidelium
suorum, virorum nobilium, abscisa barba abire permisit." Später
vollendete er mit Einwilligung Balduins jenen Thurm (p. 52).

Der Lehnsherr seinerseits hatte aber das Recht in einer zu Lehn
gegebenen villa Befestigungen zu errichten. So heisst es von Balduin V.: „in villa, quae dicebatur Kiviniis, quae postea Belfors nominata fuit, firmitatem construere coeperat, quod in detrimentum Jacobi
de Avethnis sed non contra jus illius erat" (p. 106).

Gegen das Lehnsrecht war es, wenn Hugo de Aenghien in der gleichnamigen villa, die er vom Grafen von Hennegau zu Lehn hatte, ein „castrum fossato, muro et turri" erbaute und dasselbe dann vom Herzog von Brabant „in feodo" annahm (p. 88). Ebenso wenig hatte der castellanus de Perona das Recht das castrum Brainum, welches er vom Grafen von Flandern zu Lehn besass, in die Hand des Königs von Frankreich zu geben und von diesem als Lehn zurückzuempfangen (p. 162). Dagegen entsprach es den im Hennegau, wie erwähnt, gültigen Rechtsbestimmungen (cf. S. 90), wenn Egidius de Sancto Oberto in seinem Allod einen Thurm erbaute und diesen vom Grafen von Hennegau zu Lehn nahm (p. 66).

Starb ein Lehnsmann ohne Erben, so wurde das Lehn als erledigt betrachtet und fiel an den Lehnsherrn zurück. So fielen nach dem Tode Theoderichs von Alost, da er keine Erben besass, seine Lehen an den Grafen von Flandern zurück (p. 73).

Die Belehnten hatten die Pflicht, wie es auch schon im vorhergehenden mehrfach erwähnt ist (p. 52. 90. 213), der justitia ihres Lehnsherrn „respondere et satifacere". Als ein Vorrecht der Grafen von Hennegau wird es in dem Lehnsvertrage zwischen ihnen und dem Bischof von Lüttich hervorgehoben, dass „cum quamplures principes, duces et barones scilicet et comites et alii nobiles et eorum homines pacis Leodiensi justiciae habeant respondere et satisfacere, comites Hanonienses vel homines ejus pacis eidem justiciae nequaquam tenentur respondere" (p. 35 f.).

Der Lehnsherr sass nicht allein über den Lehnsmann zu Gericht. So heisst es, dass der Kaiser dem Herzog von Sachsen, und der Herzog von Limburg dem Grafen Cono ihre Lehen absprechen liessen („abjudicari fecit") (p. 90. 213). Diese Richter, die mit dem Lehnsherrn zu Gericht sassen, waren die pares des vor Gericht gezogenen Lehnsmannes, die Lehnsgerichte waren Pairsgerichte. (Waitz, V. G. V. p. 347.)

Als zwischen dem Grafen von Hennegau und einem seiner Lehnsleute Streit über ein Lehn herrschte, heisst es von letzterem: „Walterus dominus de Avethnis .... constitutus in praesentia ipsius comitis coram multis paribus suis et nobilibus et servilis condicionis viris, cum quoddam judicium in his sibi contrarium proferri deberet, subitanea morte praeventus corruit" (p. 77). Als Richter sind in diesem Falle auch nur die zuerst erwähnten „pares" zu denken.

Als Jacob von Avesnes seinem Lehnsherrn Balduin V. die Rückgabe eines castrum verweigerte, „quid faciendum inde esset, dominus comes fidelium suorum, Jacobi scilicet parium et aliorum nobilium, judicio commisit". Das Urtheil übrigens fiel dahin aus, „quod Jacobus in castro suo nichil juris ulterius habere videretur, nisi de gratia et voluntate domini comitis illud obtinere valeret" (p. 111).

Von demselben Jacob von Avesnes heisst es dann später, er sei an einem ihm gesetzten „dies" nach Mons gekommen, „ubi . . . stagia in castris suis scilicet in Montibus et in Valencenis debita recognovit coram paribus suis Montensibus . . . . et coram paribus suis Valencenensibus" . . . . (cf. S. 20 f.; p. 152 f.) Unter den genannten pares sowohl von Mons, wie von Valenciennes befindet sich Ida de Jacea, so dass es scheint, als hätten unter Umständen auch Frauen in Pairsgerichten mitgeurtheilt.

Als König Heinrich in Lüttich einen „dies" anberaumt hatte, zu dem auch Balduin V. entboten war, erklärte dieser unter anderem: „quod si dominus Leodiensis episcopus aliquid super terra sua vel castris suis haberet dicere, ipsi statim per consilium parium suorum paratus erat de jure satisfacere". Als der Bischof dies vernommen, erklärte er „de consilio ecclesiae suae et hominum suorum" dem König: „quod ei quid adversus ejus fidelem comitem Hanoniensem haberet dicere, de eo, quicquid pares sui principes imperii judicarent, faceret" (p. 170).

Folgte der Lehnsmann nicht dem Rufe seines Herrn zum Gerichte, so hatte letzterer das Recht, Gewalt gegen ihn anzuwenden. (cf. p. 52, 213.) So lud auch der König von Frankreich Robert den Friesen, der sich unrechtmässiger Weise in den Besitz Flanderns gesetzt hatte, „ad justitiam perquirendam" an seinen Hof. Robert jedoch „de jure diffidens venire contempsit", worauf der König ihn mit Krieg überzog (p. 29).

Im Jahre 1185 ist einmal von zwei Ladungen vor Gericht die Rede. Der König von Frankreich setzte nämlich dem Grafen von

Flandern zuerst einen dies in Compendium, dann in Paris. Letzterer weigerte sich beide Male zu kommen (p. 168). Als ein miles, Rogerus de Warconi, gegen Balduin V. „quaedam in Flandria reclamabat", aber „justitiam persequi contempsit", obwohl ihm Balduin dies anbot, erlitt er die gerechte Strafe, indem jener seine villa in Brand steckte und seine Besitzungen verheerte (p. 254). Kam es zwischen den Lehnsleuten desselben Herrn zum Streit, so suchten sie in der curia des gemeinsamen Lehnsherrn ihr Recht (cf. p. 187).

Kapitel IX.

Recht und Gericht.

Es war in jener Zeit Regel, dass der Kläger die Wahrheit seiner Anklage, oder der Beschuldigte die Nichtigkeit derselben durch den Zweikampf zu erweisen hatte (Waitz, V. G. VIII p. 28). In dieser Weise sehen wir auch Gislebert mehrfach vom „duellum" sprechen.

Jacob von Avesnes hatte sich erboten, „proprii sui corporis duello" zu beweisen, dass er im Kriege zwischen seinen Lehnsherren, den Grafen von Flandern und Hennegau, gegen letzteren „juste egisset et ab ejus hominio legitime recessisset", wie es das Recht verlangte (ao. 1184). Viele „milites" Balduins V. waren bereit, dies duellum gegen Jacob zu übernehmen, der jedoch seinerseits „loco et tempore oportuno" dasselbe zu erfüllen sich weigerte. Als dann nach Fortsetzung des Krieges ein neuer Waffenstillstand zwischen den Grafen von Flandern und Hennegau zu Stande gekommen war, begab sich Balduin V. zum König von Frankreich zu einem colloquium, welches dieser mit Philipp von Flandern abhielt. Hier erklärten sich wieder zwei seiner milites bereit, „ad provocandum Jacobum de Avethnis ad duellum, quia male contra dominum suum ligium comitem Hanoniensem egisset". Aber Jacob war von Philipp in den Waffenstillstand mit aufgenommen worden, weswegen Balduin nicht gestattete, „illum sine ipsius comitis Flandriae licentia ab aliquo provocari, ne

in aliquo fidem super induciis datam laedere videretur". Daher
forderte er Jacob auf, sein Wort zu erfüllen, und bat Philipp „ut sine
fidei laesione convenire posset". Indess Jacob, fährt Gislebert fort,
„propositum illud nolens prosequi, umbra treugarum comitis Flandriae
satis indecenter tectus, ad hoc respondere nolebat, quantum ad honorem
probi militis et viri nobilis pertinebat" (p. 160 f.). Damit ist diese
Duellaffaire erledigt.

Dass die Grafen von Flandern das Recht hatten, ihre Lehnsleute
„ad duellum provocare" (p. 201), hörten wir schon (cf. S. 89). Einen
solchen Fall erwähnt Gislebert: Im November 1186 kam Balduin V.
nach Casellum, „ubi Evrardus Rado duellum contra Johannem de
Cysun aggredi debebat". Der letztere hatte jenen, einen Verwandten
Balduins, „instinctu comitis Flandriae", zum Zweikampf gefordert: es
handelte sich um ein castrum, in der Grafschaft Hennegau gelegen,
von welchem Rado behauptete, es sei sein Allod, Philipp dagegen, es
sei „de feodo suo". Als Balduin sah, dass Philipp heftig gegen Evrardus erzürnt und zugleich der „dominus et justitiarius duelli" war,
rieth er diesem, bevor es zum Kampfe käme, Frieden zu schliessen
„per illius justitiam, per quem et pro quo ad duellum provocatus erat".
Evrardus folgte seinem Rathe und nahm das castrum von Philipp zu
Lehn, welches nun „dominio Flandriae additum fuit" (p 174 f.).

Ausführlich wird das „duellum" zwischen zwei Lehnsleuten Balduins V., Gerard de Sancto Oberto und Robert de Belren, behandelt
(cf. Wachter p. 21 f.). Letzterer erklärte in der curia des Grafen, er
habe gehört, dass Gerard von ihm behauptet hätte, „se ex servili
condicione ad ipsum pertinere"; das sei aber eine Lüge, und er sei
bereit, dies durch den Zweikampf zu beweisen. Auch Gerard erklärte
sich bereit, seine Behauptung durch das duellum zu erhärten. Alsdann wurden die „vadia duelli" der beiden Contrahenten Balduin V.
übergeben und „quia in voluntate duelli concordabant, duellum eis
adjudicatum est, datisque utrinque obsidibus dies eis ad duellum constituta est in Montibus" (p. 187 f.).

Am festgesetzten Tage kam man in Mons zusammen. Der Graf
sass „in platea" vor dem Kloster der heiligen Waldetrudis mit vielen
„nobiles et cujuscunque conditionis homines". Auch war der episcopus

Cameracensis zugegen und viele Aebte „cuiusque ordinis", „qui super
pace facienda laborare intendebant", also entsprechend den religiosi
viri, die in Kriegsfällen eine Schlacht zu verhindern bemüht waren.
Um die erste Stunde des Tages erschien Gerard und erklärte sich zum
duellum bereit. Vergebens aber wartete man auf Robert, und als die
neunte Stunde schlug, ohne dass dieser erschien, liess Gerard durch
seinen prolocutor erklären, er habe in dieser Angelegenheit gesiegt,
und forderte ein judicium darüber. Dies fiel dahin aus, dass Gerard,
da die neunte Stunde vorüber sei, vom Zweikampf befreit sei und
„quod reclamaverat contra Robertum, de jure obtinuisse". Als dann
Robert erschien, ward er entwaffnet und Gerard übergeben, der ihn
schliesslich entliess, als er ihm „tamquam domino suo ut homo servilis
conditionis fidelitatem fecit" (p. 187 f.).

Ganz entsprechend verlief eine andere Duellangelegenheit. Heinrich, der marescalcus domini imperatoris, hatte den praepositus Argentinensis, einen miles, zum Zweikampf gefordert. An dem festgesetzten Tage sass der Kaiser „in platea, ut melius posset considerare
horas diei". Als der Praepositus „ante horam nonam" nicht erschienen
war, wurde das Urtheil gefällt, „quia miles ille pro defectu, quia ante
horam nonam non venerat, honore et terra et uxore privabatur"
(p. 190 f.).

Während in dem Duell zwischen Evrardus Rado und Johannes
de Cysun der Graf von Flandern als „dominus et justitiarius duelli"
ausdrücklich genannt wird, fungierten in den letztgenannten Fällen
Graf Balduin resp. der Kaiser selbst als solcher, wie aus Gisleberts
Darstellung hervorgeht. Von beiden erwähnt er ausdrücklich, dass
sie auf erhöhtem Sitze sassen (cf. Waitz, V. G. VIII p. 16).

Dass die Parteien ihre Sachen durch sogenannte Fürsprecher
vertreten liessen (Waitz, V. G. p. 81), finden wir, ausser bei dem Duell
in Mons, wo für Gerard sein prolocutor Hugo de Crois spricht (p. 188),
auch in der Reichsversammlung zu Worms erwähnt, wo der Herzog
von Brabant einen prolocutor in der Person des Grafen von Flandern
besass (p. 223). Was die in den erwähnten Duellen genannten
„judicatores" betrifft, so werden bei Gerards und Roberts Duell deren
56 genannt, unter ihnen von Klerikern ein Archidiakon und drei

Pröpste. Auch „Willelmus de Kauren, avunculus ipsius Roberti" wird genannt, ein Zeichen, dass man eine solche Verwandtschaft im speciellen Falle mit dem Richteramte nicht für unvereinbar hielt.

In dem anderen Duell zwischen dem kaiserlichen Marschall und dem Propst von Strassburg fungierten als Richter der Erzbischof von Mainz, die Bischöfe von Bamberg, Speier, Metz, der Pfalzgraf vom Rhein, 2 Grafen, 2 Reichsministerialen und „multi alii" (p. 191).

In einem anderen Falle nennt Gislebert als Balduin im Gefolge des Kaisers von einem colloquium desselben mit dem König von Frankreich (ao. 1187) zurückkehrend über eine Rechtsfrage Auskunft wünschte, als judicatores homines domini imperatoris den Kanzler, einen Erzbischof, zwei Bischöfe, den Pfalzgrafen vom Rhein, zwei Grafen, drei Rechtsministerialen (p. 180 f.).

Nur einmal und zwar bei einer der letzterwähnten ganz entsprechenden Angelegenheit ist von nur einem judex die Rede. Es heisst, in Hall habe ein Bischof, „coram rege" eine Rechtsfrage gestellt und „ad hoc judicatum fuit per comitem palatinum de Tuinge" (p. 225). Aber hier ist wohl auch daran zu denken, dass der Pfalzgraf sein Urtheil zuerst abgab und die übrigen, die mit dem Urtheil betraut waren, hier nur nicht genannt sind.

Denn regelmässig wird das Urtheil, nachdem sich die zum Urtheil Berufenen vorher besprochen haben, nur von einem ausgesprochen, den der König bestimmt (Waitz, V. G. VIII., p. 35 f.). Die anderen geben dann nach ihm jedenfalls noch persönlich ihr Urtheil ab, welches jenem meist entsprochen haben wird. Hierfür finden wir auch bei Gislebert mehrere Belege:

Auf dem Fürstentage stritt man über die Ausdehnung der herzoglichen Gewalt Heinrichs von Brabant. Daher verlangte der König hierüber eine sententia vom Grafen von Flandern, von dem es dann heisst: „qui per sententiam dixit et inde principes habuit sequaces" u. s. w. (p. 223 f.). Und in Betreff derselben Versammlung heisst es gleich darauf: „a marchione autem de Minse ibidem judicatum fuit et inde pares habuit principes sequaces, quod" u. s. w. (p. 224). Ebenso heisst es auf dem Wormser Reichstage (ao. 1192), dass der Kaiser in Betreff des Lütticher Wahlstreites von den Fürsten einen

Spruch verlangte. Das judicium wurde 3 Erzbischöfen, 8 Bischöfen und 3 Reichsäbten übertragen. „Sententiam autem protulit Monasteriensis episcopus et inde alios omnes sequaces habuit" (p. 238), wobei vielleicht noch bemerkenswerth ist, dass obwohl unter den judicatores Erzbischöfe sich befanden, ein Bischof doch zuerst das Urtheil abgab.

Und hierhin gehört auch die Entscheidung des eben erwähnten Pfalzgrafen von Tübingen (S. 96). Er war gefragt worden, wie es sich mit den Richtern verhielte, wenn ein Ministerial e eines Fürsten mit einem nobilis zu rechten hätte. Die Antwort war: quod si nobilis homo judicium proferret et unum nobilem haberet in judicio sequacem, alter sequax esse posset ministerialis scilicet de principis advocatia vel propria familia.« (p. 225.) Es mussten also drei Richter im Ganzen sein, von denen bei Standesungleichheit der Recht Suchenden zwei, darunter der, welcher zuerst das Urtheil vortrug, dem Stande des höher Stehenden angehören mussten.

Gegen ein einmal gefälltes Urtheil konnte der Verurtheilte beim König selbst Berufung einlegen. (Waitz, V. G. VIII p. 24.) So sehen wir, dass Robert de Belren, wegen seines Nichterscheinens zum Duell verurtheilt, an den Kaiser apellirt. Und wirklich erlangte er »literas a curia illa, ut sententia illa revocaretur«, worauf auch factisch jene »sententia ab hominibus domini comitis, absente tamen Gerardo et non inde convento, juxta tenorem literarum illarum« widerrufen wurde. (p. 190.) Ein Beweis, dass des Kaisers Einfluss auch in solchen Angelegenheiten im Hennegau recht bedeutend war. Mit Recht aber spricht Gislebert seine Verwunderung über eine derartige Entscheidung des Hofgerichts aus, da in seiner Anwesenheit bei der ganz entsprechend verlaufenden Angelegenheit zwischen dem marescalcus des Kaisers und dem Probst von Strassburg die kaiserlichen judicatores ebenso entschieden hätten, wie jene in Balduins Curie. Indess ist ja bekannt, wieviel man mit Geld in der kaiserlichen Curie zu erreichen vermochte, und wenn Gislebert von Bestechungen der Richter an dieser Stelle auch nichts erwähnt, so liegt doch die Vermuthung nahe, dass solche stattgefunden haben.

Noch an einer anderen Stelle ist davon die Rede, dass man wenigstens bemüht war, ein einmal gefälltes Urtheil, dies Mal des

7

Hofgerichtes selber, umzustossen. Es handelte sich um das schon mehrfach erwähnte Urtheil zu Schwäbisch Hall, welches dem Herzog von Brabant alle herzogliche Gewalt im Hennegau absprach. In diesem Falle jedoch fiel die sententia der Fürsten in Augsburg ebenso aus: „sicque stetit lata sententia." (p. 224.) —

Der Grundsatz der Talion (cf. Waitz, V. G. VI. p. 489. Warnkönig III 1. p. 159 ff.) war im Hennegau gültig. Als Balduin V. seinem Vater in der Regierung folgte, „quandam in Hanonia pacem ordinavit." (cf. Hantke p. 50.) In demselben wurde bestimmt, „pro homine interfecto hominem debere interfici, homicidam scilicet; pro membro vero ablato membrum ab ablatore debere tolli. Haec autem omnia non per legem sed per veritatem tractanda sunt." Weiter heisst es dann: wenn sich jemand wegen solcher Verbrechen entfernt hat und sich dem pax nicht unterwerfen will, so ist er des Vergehens für schuldig zu erachten und kann keine Gnade erlangen, „nisi de consensu domini comitis et proximorum illius, in quem maleficium perpetratum est." Leichter ist die Verzeihung zu erlangen, wenn ein nobilis einen rusticus getödtet oder ihn körperlich verletzt hat. Dann kann der Graf „ei in vita vel in membris indulgere; sed tamen domini comitis pacem habere non potest nisi de consensu proximorum illius, in quem maleficium perpetratum est". Endlich heisst es noch: „fugitivos autem, qui ad institutionem pacis venire et per eam agere noluerint ex praesumptione vel timore, illorum proximi illos abjurare debent et sic in pace manere debent ab inimicis fugitivorum" (p. 99 f.).

Von Todesstrafen spricht Gislebert an zwei Stellen:

Einmal heisst es von Balduin V., nachdem er zum miles ordiniert war, habe er „audiens multos in Hanonia fures et latrones commorari, qui de confidentia multorum potentum, ad quos sanguinis linea pertinebant, in malis operibus vivere non dubitabant", diese überall im Hennegau aufgesucht „captosque quos infames percipiebat quosdam suspendens, alios igne concremans, quosdam vero aquis submergens, alios vivos sepeliens, nulli eorum pro magna parentela parcebat" (p. 92). Wie man sieht, waren es recht grausame Todesstrafen, die für überführte Friedbrecher zur Anwendung kamen.

In einem zweiten Fall handelt es sich nur um einen solchen

Verbrecher. Ein „homo maleficus" hatte einen armen Kaufmann beraubt und ihn so geschlagen, dass dieser wie todt liegen blieb. Als die That ruchbar geworden war, wurde der Uebelthäter zunächst „infra fines justitiae Claribaldi de Altaripa" ergriffen, aber für 14 Mark losgekauft. Der arme Kaufmann indess hatte Balduin V., der die provisio und justitia in Namur bereits besass, seine Klage vorgetragen, worauf er den Verbrecher ergreifen und vor sich führen liess. Darauf liess er ihn in campo prope Namurcum in Gegenwart des Grafen von Namur und der „perfidi adulatores" desselben verbrennen; „quod de murdritoribus facere consueverat", fügt Gislebert hinzu, ein Zeichen, dass dergleichen öfters vorkam und der Feuertod in solchen Fällen die übliche Strafe war (p. 191 f.).

Von Körperverletzung und Mord und den Strafen dafür ist auch an anderen Stellen noch die Rede:

Der praepositus Duacensis, Gerard, ein reicher und mächtiger Ritter, sowohl Lehnsmann des Grafen von Flandern wie Balduins V. hatte einen Verwandten des letzteren in Folge eines Streites verwundet. Als Balduin erzürnt darüber, „quia id contra justitiam et pacem suae terrae perpetratum erat", herbeigeeilt war, zerstörte er die Häuser des praepositus und nahm seine Güter in Besitz. Dadurch in Zorn versetzt, tödtete ein Neffe des praepositus einen serviens Balduins „in ipsius comitis offensam et detrimentum". Zur Strafe verbrannte Balduin des letzteren villa und sogar auch die Häuser und villae aller Verwandten des praepositus, „licet illi hujus culpae immunes essent", worauf er noch ausserdem „ipsum praepositum a proximis et amicis suis, nulla interposita conditione, prorsus abjurare fecit" (p. 124).

Dass Gossuinus de Waurin, nachdem er ebenfalls einen serviens seines Lehnsherrn des Grafen von Flandern getödtet hatte, aus Furcht vor Strafe aus Flandern floh und von Balduin als commilito belehnt wurde (p. 162), erwähnte ich schon bei einer anderen Gelegenheit.

Auffallend leicht war die Strafe Jacobs von Avesnes für die Ermordung Roberts, des electus Cameracensis. Da letzterer unter Balduins V. Schutze gerade stand, war dieser Mord „contra terrae suae justitiam". Daher traf Jacob sowohl von Balduin schwere Strafe, wie auch vom Grafen von Flandern, dessen „clericus et alumpnus dilectus et familiaris“ der Ermordete gewesen war. Bald jedoch wurde er in alle seine Besitzungen wieder eingesetzt (p. 108).

Weit mehr Aufsehn erregte die Ermordung Alberts, des Bruders des Herzogs von Brabant, der soeben zum Bischof von Lüttich geweiht war. Die Urheber des Mordes sah man allgemein in dem Kaiser selbst, Lothar, dem electus Leodiensis, und dem Grafen von Hochstaden, dem Bruder des letzteren (p. 246), und man täuschte sich darin wohl nicht (cf. Toeche, p. 550 f.). Lothar beschwor seine Unschuld an dem Morde unter Berührung der Heiligthümer in Köln, Lüttich und Huy, „quod tamen sibi nihil proficiebat“ (p. 246). Der Herzog von Brabant, welcher ihm den Lehnseid geleistet hatt, contempto hominio et fidelitate postposita, ei inimicabatur et ab eo mortem fratris sui requirebat“ (p. 247). Lothar wich der drohenden Gefahr und floh zum Kaiser nach Deutschland (p. 248). Gegen diesen selbst kam es zu einer Empörung der Fürsten, an der sich auch die Herzoge von Brabant und Limburg, um den Tod ihres Bruders resp. Neffen zu rächen, betheiligten, wenn sie auch nicht, wie es nach Gisleberts Darstellung den Anschein hat, die Urheber derselben waren (cf. Toeche, p. 552 f.). Nicht ganz so leicht und schnell, wie Gisleberts Bericht sagt (p. 248), ward diese Empörung bezwungen (cf· Toeche, p. 238 f.)

Der dritte des Mordes Verdächtige war, wie schon gesagt, Lothars Bruder, der Graf von Hochstaden. Um Rache an ihm zu nehmen, besetzten die beiden Herzöge sein Land und verwüsteten es. Später jedoch erhielt der Graf nach geschlossenem Frieden „mediante quidem pecunia“ Alles zurück (p. 248 f.).

Endlich erzählt Gislebert zum Jahre 1179, der Bischof Roger von Laon sei beim Papste „super occisione hominum Laudunensium“ angeklagt worden. Dieser bestimmte, dass, wenn der Bischof durch seinen eigenen Eid und den dreier Bischöfe (als Eideshelfer cf. Waitz, V. G. VIII., p. 31) beweisen könne, dass er mit eigenen Händen niemand getödtet habe, und dass dasjenige, „quod in perditione illa hominum factum fuerat“, für die Freiheit der Kirche geschehen sei, er „liber et prorsus quietus maneret episcopus Laudunensis“. Durch

Vermittelung Balduins gab auch der König von Frankreich, der dem Bischof feindlich gesinnt war, seine Beistimmung. In Meaux „episcopus Laudunensis sibi concessum expiamen complevit auxilio Cameracensis, Noviomensis, Atrebatensis episcoporum", wonach er auch seine Güter zurückerhielt, die der König in Besitz genommen hatte (p. 118 f.)

Eine eigenthümliche Strafe erwähnt Gislebert p. 52. Daselbst heisst es von Balduin III. von Hennegau, er habe einem Lehnsmann, der sich gegen ihn vergangen hatte, auf Bitten seiner Getreuen gestattet, „abscisa barba abire". (In Grimm's deutschen Rechtsalterthümern 2. Aufl. 5. Band p. 680 ff. unter „Strafen" habe ich diese Strafe nicht erwähnt gefunden.) —

Die Kaufleute waren es besonders, die bei ausbrechenden Streitigkeiten ihres Herrn von dessen Feinden zu leiden hatten:

Als Egidius, comes de Duras, mit dem Herzog von Brabant und dem Grafen von Flandern im Streite lag, suchte er jenem zu schaden, „eorum mercatores capiens, eis vina et scarlatas et alios pannos et argentum auferebat et illos incarceratos ad gravem redemptionem cogebat" (p. 212). Aehnlich heisst es, Balduin V. hätte einen ziehenden Grund gehabt, die Gefangenschaft des jüngeren Herzogs von Limburg zu verlängern, „quia fratres sui, . . ., hominibus comitis mercatoribus res suas abstulerant, quas reddere nolebant" (p. 262).

Als Balduin V. im Gefolge des Kaisers 1187 von einem colloquium, das dieser mit dem König von Frankreich gehabt hatte, zurückkehrte, verlangte er eine sententia über diejenigen, welche sich unrechtmässiger Weise in Besitz fremden Eigenthums gesetzt haben und dies eine Zeit lang unrechtmässiger Weise behaupten. Der Spruch lautete: wenn solch ein Fall zur Kenntniss des betreffenden dominus gelange, solle er die „veridicos, qui circummanentes dicuntur, super hoc constituere". Wer schuldig befunden wird, solle dem rechtmässigen Besitzer die Güter „libere et in pace" zurückgeben: „damna illata per veritatem illi restituere debet, deinde excessum facti domino comitatus per decem libras denariorum comitatus emendare debet" (p. 180).

Ich will nun noch einzelne vereinzelte Angaben Gisleberts anführen, die auf diese Verhältnisse Bezug haben.

Bei testamentarischen Verfügungen wurde nicht nur die im voraus gegebene Zustimmung des Erben (p. 274) für genügend gehalten, um ihnen Geltung zu verschaffen, sondern Balduin VI. bestätigte beispielsweise auch noch nach seinem Regierungsantritt durch Schrift und Siegel der ecclesia Montensis „omnia quae pater ejus et avus (ei) confirmaverant", wodurch diese Bestimmungen erst volle Gültigkeit erhielten (p. 293).

Von Steuern ist einmal die Rede: Balduin V. hatte in Folge seiner Kriege eine grosse Schuldenlast auf sich geladen, im Ganzen 41000 librae Valencenensium denariorum. Diese brachte er jedoch, indem er sein Land „licet dolens graviter talliis" bedrückte, fast vollständig in 7 Monaten zusammen (p. 173).

Einige Bestimmungen aus Balduins Testament gehören auch hierher.

Die Grafen besassen im Hennegau „jus quoddam de ursis pascendis et ipsorum ursorum custodibus". Den Armen gereichte es zur Qual, den Reichen war es ein Ekel. Balduin V. „misericordiae respectu jus illud et consuetudinem prorsus universis hominibus suis remisit" (p. 275).

Ebenso erliess er den Bewohnern von Mons, Bincium und Haimoncasnoit gewisse Abgaben „quae quidem utelagia et mensuragia dicebantur, quia in mensurationibus segetum accipiebantur (p. 275).

Ferner bestimmte er in Betreff der Leute, „qui se burgenses esse dicebant et in villis campestribus manentes burgensium libertate gaudebant", worüber vielfach von den Kirchen und Rittern Klage geführt worden war, dass niemand fernerhin „burgensis" sein solle, „si in burgo non maneret (p. 275).

Noch an zwei anderen Stellen erfahren wir einiges über die Rechte der Grafen von Hennegau speciell in Valenciennes und Mons. Im pax Valencenensis wurde von Balduin III. (ao. 1114) bestimmt, dass der Graf von allen homines dieser Stadt mit Ausnahme der clerici und milites die „mortuae manus" empfangen könne (cf. Waitz, V. G. V. p. 241 f.). Da Balduin III. bald starb, „mortuas manus paucas accipiebat". Ferner wurde in jenem pax bestimmt, dass der Graf von allen seinen zu Valenciennes gehörigen Besitzungen nichts dürfe „alicui dare in feodo vel in vadio nec aliquo modo a manibus suis alienare". Balduin IV. unterwarf dann in Folge eines Excesses ihrerseits die Valencenenser so sehr seinem Willen, dass er Zeit seines Lebens „de eorum judicio communi mortuas manus ab universis plenarie" empfing. Balduin V. nahm zunächst einige Jahre hindurch die mortuas manus, dann befreite er die Einwohner von dieser Abgabe. Später aber liess er „ipsas mortuas manus de communi eorum judicio sibi readjudicari" (p. 78).

In Valenciennes sowohl wie in Mons hatten die Grafen ferner das Recht und die Gewohnheit, bei ihrer Anwesenheit daselbst die culcitrae und vasa coquinae necessaria aus den Häusern der „burgenses" und anderer ohne Unterschied nehmen und zur curia zum Gebrauch bringen zu lassen. Um die Bewohner von dieser Last zu befreien, verordnete Balduin IV. noch kurz vor seinem Tode, „ut ipsae villae comiti Hanoniensi in culcitris sibi necessariis et vasis coquinae provideant", unter Beistimmung der Städte selbst. Ausserdem aber bestimmte er noch: „in Valencenis autem scutellae cum aliis vasis domino comiti administrandae sunt, sed reliquiae mensarum pauperibus villae provide sunt distribuendae; sed in Montibus scutellae nequaquam ei sunt attribuendae". In Mons muss vielmehr „villicus ipsius villae ad puteum castri situlam amministrare, castellanus vero cordam". Dann folgt noch eine Aufzählung derjenigen, „quia a solutione culcitrarum et vasorum coquinae excipiuntur" (p. 98).

Das Geleitsrecht „als Recht von finanzieller und allgemein hoheitlicher Bedeutung" war vorzugsweise in Lothringen von grosser Bedeutung. (Waitz, V. G. VIII. p. 315 f.). Es bedeutet die Befugniss von Reisenden für den Schutz, dessen sie genossen, eine Abgabe zu fordern (winagium). Bei Gislebert ist mehrfach die Rede davon, dass jemandem eine gewisse jährliche Einnahme „in winagio" oder „ad winagium" eines Ortes verschrieben wird. (p. 94. 99. 157. 164. [2 Mal] 176.)

Dann aber gilt es als Hoheitsrecht und wird namentlich als Ausfluss oder Zeichen herzoglicher Gewalt in Anspruch genommen. So behauptete der Herzog von Brabant auf dem Fürstentage zu Schwäbisch-Hall, die Grafschaft Los sei „de ducatu suo", da er durch jene Grafschaft bis zur Maas das Geleitsrecht besitze. Doch entgegnete der Graf von Los darauf, dass seine Grafschaft nicht zu seinem Herzogthume gehöre, der Herzog habe das Geleitsrecht durch sein Land daher, weil des Grafen Vorgänger einen Vorgänger jenes getödtet habe und „in concordia facta conductum per terram suam ei concessit" (p. 224).

Ein sicheres Geleit zu erhalten, war wesentlich. Von Balduin V. hören wir, dass er „non absque sano conductu" in Lüttich vor König Heinrich VI. erscheinen wollte, worauf ihm dieser hochangesehene Leute als conductores entgegen sandte, so den Erzbischof von Köln, den Bischof von Lüttich, den Pfalzgrafen vom Rhein u. a. m. (p. 169).

Desgleichen wollte er nicht einer Aufforderung des Königs von Frankreich „absque salvo conductu" Folge leisten, weil er an dem Hofe desselben „non auxiliatores sed multos accusatores" hatte; „habito autem conductu transivit" (p. 197).

Ebenso erwähnt Gislebert „conductores" Balduins auf dessen Reise zur Mainzer Reichsversammlung (p. 139), an den Hof des Königs von Frankreich (p. 164), nach Worms im Jahre 1188 (p. 205).

Auch ein solches Geleit gewährte nicht immer den gewünschten Schutz: als Robert, der electus Cameracensis, nach Brabant, „ad praedium episcopatus Melin" sich begeben wollte, bat er „quia super minis Jacobi sibi illatis dubitabat", den Grafen Balduin um ein sicheres Geleit, worauf dieser ihm Ludovicus de Trasne, einen vir nobilis, sandte. Als der Bischof jedoch unbesorgt durch Condatum, ein castrum Jacobs von Avesnes, kam, „praetentis sibi a quibusdam servis Jacobi insidiis turpiter ab illis in descensu pontis interfectus est" (p. 108). Die Folgen seiner That für Jacob besprach ich schon (cf. S. 93 f.)